Ich wünsche dir viel Spaß und Freude beim Nachbacken.

Deine Sally ♡

Sallys Classics

Klassische und moderne
Kuchen und Torten

Saliha Özcan

Sallystortenwelt©
Agathe-Heim-Straße 30
D-78727 Oberndorf

www.sallyswelt.de
www.sallys-shop.de

1. Auflage 2016

Für die gedruckte Ausgabe:
© HÄRTER Kinderbuchverlag, Reutlingen
www.aecht-laecker.de
www.haerterkinderbuch.de

Druck & Bindung:
Raff media Group GmbH

ISBN978-3-942906-27-2

Text und Rezepte:
Saliha Özcan | Sallys® | www.sallyswelt.de

Grafische Gestaltung, Satz und Coverdesign:
Jessica & Sabrina Neitzel | Neitzel Werbeagentur GbR
www.neitzel-werbeagentur.com

Fotografie:
Marius Stark | www.mariusstark-photography.de
Lisa Kamlowski | www.lisakamlowski.de

Inhalt

KLASSISCHE TORTEN 121

PIES, TARTES & TARTELETTES — 341

LEGENDE

 Durchmesser   Kühlzeit

Größe   Wartezeit

 Stückzahl   Kühlen

 Zubereitungszeit   Einfrieren

 Backzeit

ABKÜRZUNGEN

g	=	Gramm
kg	=	Kilogramm
ml	=	Milliliter
l	=	Liter
EL	=	Esslöffel
TL	=	Teelöffel
evtl.	=	eventuell
Sek.	=	Sekunden
Min.	=	Minuten
Std.	=	Stunden
S.	=	Seite
O/U	=	Oberhitze/Unterhitze

Wie alles begann...,

Liebe Leserin, lieber Leser,

mein Name ist Saliha, aber die meisten nennen mich Sally. Ich bin 28 Jahre alt und seit acht Jahren mit meinem Mann Murat verheiratet. Gemeinsam haben wir zwei wundervolle Töchter, Samira und Ela.

Ich bin gelernte Grundschullehrerin und habe die Fächer Hauswirtschaft, Deutsch, Englisch und islamische Theologie studiert. Du hältst das Buch vermutlich in den Händen, weil Du mich schon aus dem Fernsehen oder dem Internet kennst oder aber auch, weil Dir das Cover einfach gut gefallen hat, Du es geschenkt bekommen hast oder es Dir empfohlen wurde.

Lass mich Dir Sallys Welt in Zahlen erklären. Mittlerweile habe ich fast 1 Million Abonnenten auf YouTube, insgesamt über 150 Millionen Videoaufrufe, bis zu 12 Millionen Videoaufrufe pro Monat und über 500 Videos veröffentlicht.

Doch wie kam es dazu? Ich möchte gerne meine Geschichte erzählen.

Alles begann mit einem Nusszopf. Bis zum Jahr 2012, das ist jetzt über vier Jahre her, nutzte ich die Videoplattform YouTube überwiegend als Film- und Musikdatenbank. Irgendwann entdeckte ich zufällig ein sogenanntes „Tutorial", also eine Anleitung, in welchem eine deutsche Kosmetik-Bloggerin ein Rezept aus einem Hefeteig zubereitete. Leider war die Zubereitung meiner Meinung nach komplett falsch, was auch der Grund für das Misslingen des Teiges war. Zu dieser Zeit studierte ich gerade noch Lehramt und Murat war im BWL-Studium. An diesem Video störte mich dabei die Art und Weise der Erklärung und das fehlende Hintergrundwissen, sowie der verschwenderische Umgang mit den Zutaten.

Ich überlegte lange hin und her, nahm dann meine kleine Digitalkamera in die Hand und sagte zu Murat: „Ich werde ab sofort Rezeptvideos drehen!". Murat hatte genauso wie ich von YouTube gar keine Ahnung und lachte mich aus. Ich selbst war aber so überzeugt von der Idee, dass ich meinen ganzen Mut zusammennahm und das erste Video drehte. Aus Spaß sagte ich dann noch: „Irgendwann werde ich berühmt, Murat!" Das war natürlich die Lachnummer des Abends. Ich hatte außer der Digitalkamera gar keine Ausrüstung und so mussten Kartons, Töpfe und Kisten als Kamerastativ herhalten. Beim vierten Anlauf nahm ich mir dann meine beste Freundin Nadja zur Hilfe. Ich backte den Nusszopf und sie führte die Kamera. Den Nusszopf habe ich mir ausgesucht, weil ich viele Menschen in meinem Bekanntenkreis kannte, die noch nie einen Hefeteig zubereitet hatten. Er sieht kompliziert aus, ist aber im Prinzip ganz einfach herzustellen. Die Pannen und Patzer, welche während des Drehs entstanden, habe ich an das Ende des Videos gehängt und war dann selbst überrascht, als das Video über Nacht über 1000 Aufrufe auf YouTube hatte. Ich konnte gar nicht glauben, dass so viele Menschen sich das Video angeschaut hatten und ich bekam viel positives Feedback.

Bei "Emil & Greta", einem Kinderbekleidungs-
geschäft mit Lieblingsstücken in Waghäusel.

Also war der Grundstein für meine Idee gesetzt.
Jetzt war ich noch überzeugter von meiner Idee.
Die ganzen Koch- und Backsendungen im Fernsehen mit den Sterneköchen und Meisterkonditoren
sah ich mir zwar immer gerne an, aber mich störte,
dass es nicht einfach genug erklärt wurde, dass es
unstrukturiert war und dass oftmals Zutaten
verwendet werden, welche in keinem normalen
Haushalt zu finden sind. Ich hatte immer den
Gedanken, den Zuschauern zu zeigen, was man
mit den einfachsten Zutaten zubereiten kann.

Für das zweite Video zog ich los und legte mir
bereits ein Kamerastativ und einen Camcorder zu.
Ich versuchte der Frau im Filmfachgeschäft zu
erklären, dass es eine Kamera sein muss,

die qualitativ hochwertige Bilder aufzeichnet.
Sie verkaufte mir eine Kamera, welche ich zwar
mitnahm, obwohl ich da schon genau wusste,
dass es nicht die Kamera war, welche ich mir
gewünscht hatte.
Eine größere Ausgabe war aber damals nicht
möglich, da Murat und ich noch Studenten waren
und Samira bereits auf der Welt war und auch
versorgt werden wollte. Ein schwäbisch-türkischer
Ehemann ist in so einem Fall auch nicht sonderlich
hilfreich. Murat wollte mir die Idee mit dem Youtube
Kanal wieder ausreden. Deshalb drehte ich die
Videos heimlich, damit ich mir die Diskussionen mit
Murat über die Kosten sparen konnte. Gekocht und
gebacken habe ich schon immer gerne, aber mein
Wissen nun „mit der ganzen Welt" zu teilen, war
ganz besonders schön.

Alle hergestellten Kuchen und Torten verschenkte ich an meine Familie, Freunde und an die Nachbarschaft.

Je mehr Videos ich drehte, umso erfolgreicher wurde mein YouTube Kanal und umso mehr nahmen die Nachbarn an Gewicht zu. Für mich war es zwar immer schön, aber natürlich war der Kanal von Anfang an mit viel Arbeit und Zeit verbunden. Ich machte mein erstes und zweites Staatsexamen und kümmerte mich gleichzeitig um die Inhalte auf meinem YouTube Kanal. Auf meinem Weg gab es mehrere Schlüsselerlebnisse, welche meinen YouTube Kanal erfolgreicher machten.

Eins davon war der Auftritt mit meiner besten Freundin Nadja bei der Fernsehsendung „Topfgeldjäger" im ZDF. In der Sendung ging es um zwei Teams, die gegeneinander auf Zeit kochen und backen. Zur Sendung wollte übrigens keiner mit mir gehen. Murat musste arbeiten, ist kamerascheu und meidet die Kamera wie ein Vampir das Sonnenlicht. Alle anderen Freunde trauten sich nicht mit mir zu kochen oder hatten keine Zeit. Nur Murats Arbeitskollege Otto – damals 60 Jahre alt – meldete sich sofort freiwillig. Auf die Idee meinen Seelenzwilling Nadja mitzunehmen, bin ich erst in letzter Sekunde gekommen. Ihr müsst wissen, dass Nadja zu dem Zeitpunkt so viel Ahnung in der Küche hatte wie ich mit Fußball – nämlich gleich Null.

Aber ich war mir sicher, dass sie meine perfekte Kochpartnerin sein würde. Wir verstehen uns beide blind und ohne viele Worte, Nadja kann gut reden und ich kochen und backen. Genauso sollte es auch sein: gemeinsam bestritten wir vier Kochduelle und gewannen sogar das Finale als „symbadisches" Duo.

Mit der Zeit wurde ich zu vielen Fernseh-Sendungen eingeladen und nahm an einigen auch teil. Mit der Zeit merkte ich dann auch, welcher Sender ehrlich und echt ist und welchen ich meiden sollte. Mittlerweile halte ich nichts mehr von Casting-Sendungen, weil diese größtenteils gestellt sind und ein bereits fertig geschriebenes Drehbuch beinhalten. Ich bereue allerdings keineswegs die Teilnahme an irgendeiner Sendung, denn nur so konnte ich die Erfahrungen machen und meinen eigenen Weg finden.

Je mehr Videos ich drehte, umso mehr Fragen bekam ich von meinen Zuschauern. Nicht nur Fragen zu den Rezepten, sondern auch Fragen zu meiner Küche, meinem Werkzeug, den Zutaten und Küchengeräten, aber auch der Qualität der Videos. Ihr müsst wissen, dass es ein enormer zeitlicher und finanzieller Aufwand ist, Videos zu produzieren.

Sally im Kitschdeluxe Lädchen in Speyer.

Mir war es immer wichtig meine Rezeptvideos stetig zu verbessern. Deshalb investierte ich immer in mein Kamera-Equipment, um das Bild, den Ton, den Schnitt und das Licht zu verbessern und somit mehr Qualität zu erhalten. Mein Ziel war es, irgendwann Videos auf YouTube hochzuladen mit dem authentischen Charme und der Ehrlichkeit von YouTube und der Qualität aus dem Fernsehen. Gar nicht so einfach, wenn man nicht aus der Film- und Fernseh-Branche kommt.

Als Murat merkte, dass ich in meiner Arbeit völlig aufging und er mir die Idee nicht mehr ausreden konnte, fing er an, mich dabei zu unterstützen.

Zwischenzeitlich gründeten wir mit unseren Freunden Saban und Sabine unseren eigenen Online-Shop. Wir sind in allen Gebieten Risiken eingegangen, denn keiner von uns kam aus der Back-, Koch-, Fernsehbranche oder aus dem Verkauf.

Das Kinderzimmer von Saban und Sabines Sohn Mikail wurde kurzerhand zum Online-Shop-Lager umfunktioniert. Ich besuchte Messen und suchte nach Produkten, welche mir gefielen und hinter denen ich stehen konnte. So hatte ich die Möglichkeit, meinen Zuschauern die Produkte anzubieten, welche ich selbst in meiner Küche verwende, ohne dabei den einfachen Weg über eine andere online-Plattform wie Amazon zu gehen.

Mit der Zeit kamen immer schneller immer mehr Anfragen aus dem Fernsehen. Zeitlich schaffte ich es also nicht mehr, meine Videos alleine zu drehen und zu schneiden, meine Zuschauerfragen zu beantworten, den Haushalt zu erledigen, Samira und Murat zu versorgen und gleichzeitig in der Schule zu arbeiten.

Weil damals meine kleine Grundschule keine freie Stelle zur Verfügung hatte und ich nicht dort hätte bleiben können, entschloss ich mich dazu, ein halbes Jahr lang aus der Schule auszutreten, mich meinem YouTube Kanal zu widmen und dann im Winter als Vertretung für meine damals schwangere Kollegin an der Schule wieder einzusteigen.

In diesem halben Jahr veränderte sich allerdings schlagartig so vieles. Der YouTube Kanal wurde so groß und stieg innerhalb kürzester Zeit auf über 300.000 Abonnenten an, so dass ich in naher Zukunft auf diesem Gebiet bleiben und noch wachsen wollte. Murat konnte mich nicht sehr unterstützen, da er im Schichtdienst arbeitete. Ich stellte mir also aus meinem Freundes- und Bekanntenkreis ein kleines Team zusammen. Immer, wenn jemand da war, der kreativ war und Zeit hatte, nahm ich ihn in mein Team auf.

Ich freue mich natürlich sehr über den großen Erfolg meines YouTube Kanals, möchte aber den Bezug zur Schule nicht verlieren, weshalb ich wieder ein paar Stunden unterrichte.

Auf meinem YouTube Kanal und in Sallys Welt sind momentan keine Grenzen gesetzt. Ich habe noch so viele Ideen und Projekte, welche ich durchführen möchte und so viele Themen, welche ich in meinen Büchern ansprechen möchte.

Was erwartet Dich in diesem Buch?

In diesem Buch widme ich mich meiner größten Leidenschaft: dem Torten Backen. Das Buch beinhaltet 60 Tortenrezepte. Vor dem eigentlichen Start mit den Rezepten erkläre ich im 1x1 des Backens meine Werkzeuge und gebe hilfreiche Informationen über die Zutaten, zeige einige Grundrezepte meiner Lieblings-Teige, -Massen, -Cremes und -Füllungen und gebe hilfreiche Dekorations- und Back-Tipps. Die Tortenrezepte sind aufgeteilt in klassische Kuchen und Torten, moderne Torten, No-Bake-Torten aus dem Kühlschrank sowie Pies, Tartes und Tartelettes. Die Bandbreite fängt also bei den einfachen No-Bake-Kühlschranktorten an, für welche Du nicht einmal einen Backofen benötigst und geht über die bekannten Klassiker und den beliebten Tartes hinweg zu den modernen Torten, welche optisch und geschmacklich etwas ausgefallener sein dürfen.

Die Grundrezepte und das Grundwissen ermöglichen es Dir, die Zutaten und die Rezepte nach Deinen Wünschen abzuwandeln.

Mithilfe der Umrechnungstabelle auf S. 390 im Buch kannst Du die Größe der Torten individuell bestimmen und die Zutatenmenge umrechnen.

∅ Durchmesser ⬦ Größe

Bei jedem Rezept habe ich nützliche Tipps notiert und die Haltbarkeit der fertigen Torte im Kühlschrank oder im Gefrierfach angegeben.
Viele Torten können eingefroren und im Kühlschrank schonend aufgetaut werden. Dafür schneide ich die Tortenstücke ab, lege Backpapier dazwischen und verpacke sie luftdicht. So können sie einzeln entnommen und wieder aufgetaut werden.

 Kühlen ❄ Einfrieren

Wenn Du die Zubereitungs-, Back-, Kühl- und Wartezeit zusammenzählst, weißt Du, wie viel Zeit in etwa die Zubereitung der Torte vom Beginn des Teiges bis zum Verzehr in Anspruch nimmt und Du kannst Dich dementsprechend vorbereiten.

 Zubereitungszeit Backzeit

 Kühlzeit Wartezeit

In der Zutatenübersicht erkennst Du auf einen Blick, welche Zutaten und welche und welche Backformen benötigt werden.

Ich wünsche Dir nun viel Freude mit dem Buch und ganz viel Spaß und Erfolg beim Backen.

Deine

Sally ♡

Auf dem Bild siehst du die Ziege Vera und ihre Freunde. Ein bis zweimal im Jahr säubert die Ziegenherde die Wiesen in Waghäusel und in der Umgebung.

Samira und Ela freuen sich immer,
wenn sie mit mir backen und mir
helfen dürfen.

Sallys Nusszopf

Nach Sallys Art

Weil mit dem Nusszopf alles begann, soll dieses Rezept auch an erster Stelle stehen.
Der Nusszopf ist ein klassischer Kuchen aus süßem Hefeteig, der mit einer Nussmasse befüllt und aufgerollt wird.
Anschließend wird er aufgeschnitten und geflochten. Der Nusszopf sieht bei jeder Zubereitung anders aus und das
Gebäck fasziniert mich immer wieder von Neuem. Auch noch vier Jahre nach Veröffentlichung des Videos ist mein
Nusszopfrezept fast unverändert geblieben und begeistert alle.

 Zubereitungszeit: 30 Min. Backzeit: 35 Min. Wartezeit: 60 Min.

HEFETEIG:
1 Würfel Hefe
2 EL warmes Wasser
80 g Zucker
1 Ei
1 TL Salz
200 ml lauwarme Milch
500 g Mehl
80 g flüssige Butter

NUSSFÜLLUNG:
200 g Haselnüsse oder Mandeln
3 EL Zucker
2 EL Kakao
1 EL Zimt
1 Ei
50 ml Milch

ZUCKERGUSS:
4 EL Zitronensaft
100 g Puderzucker

BACKFORMEN:
Perforiertes Backblech
Backfolie

Zubereitung

HEFETEIG

1. Verrühre die Hefe mit Wasser und Zucker und lasse die Mischung nach Belieben 5-10 Minuten stehen. Füge das Ei, das Salz, die Milch und das Mehl hinzu und knete daraus mit den Händen, oder mit dem Knethaken der Küchenmaschine oder des Handrührgeräts einen Teig. Füge zum Schluss die flüssige, lauwarme Butter hinzu und knete den Teig mindestens 7-8 Minuten gründlich durch. Der Teig ist fertig, wenn er nicht mehr klebt. Forme ihn zu einer Kugel und lege ihn in eine bemehlte Schüssel. Bestreue ihn mit Mehl oder streiche ihn mit Butter ein und decke ihn mit einem sauberen Küchentuch, Frischhaltefolie oder einem Flexdeckel ab und lasse ihn etwa 30-60 Minuten an einem warmen Ort aufgehen, bis er sich verdoppelt hat.

NUSSFÜLLUNG

2. Mahle die Haselnüsse oder Mandeln mit einem Mixer fein. Verrühre sie mit dem Zucker, Kakao, Zimt, Ei und so viel Milch, dass eine feuchte Nussfüllung entsteht, die sich gut verstreichen lässt.

3. Rolle den Hefeteig auf einer bemehlten Arbeitsfläche zu einem Rechteck mit 40x60 cm aus und bestreiche die Teigplatte mit der Nussfüllung mit einer Palette. Rolle den Teig von der langen Seite her eng auf und schneide die Rolle bis zur Mitte hin mit einem scharfen Messer ein.

FORME DEN NUSSZOPF

4. Flechte den Nusszopf, indem du die beiden Teigstränge mit der Schnittfläche nach oben umeinander schlingst. Drehe den Nusszopf um und schneide und flechte die zweite Hälfte auch. Lege ihn vorsichtig auf ein mit Backfolie belegtes Backblech, stelle das Blech in den kalten Backofen und stelle den Ofen auf 180°C O/U ein. Der Nusszopf hat nun während des Aufheiz-Vorgangs des Backofens genügend Zeit, um aufzugehen. Backe ihn darin etwa 35 Minuten, bis die Oberfläche goldbraun ist.

ZUCKERGUSS

5. Verrühre den Zitronensaft mit dem Puderzucker und streiche den noch heißen Nusszopf mit dem Zuckerguss ein und lasse ihn etwas abkühlen, bevor du ihn aufschneidest.

Tipp ♡

Am besten schmeckt der Nusszopf ganz frisch aus dem Ofen. Nuss-zopf-Reste können eingefroren und bei Bedarf aufgetaut werden. Bei uns wird er allerdings immer gleich vernascht - da bleibt nichts übrig.

Das 1 x 1 des Backens

In diesem Kapitel erfährst du mehr über die grundlegenden Backzutaten, die ich verwende.
Zum Backen werden keine außergewöhnlichen Zutaten verwendet.
Ich zeige dir wie du aus Mehl, Zucker, Eiern und einigen anderen Zutaten großartige
Kuchen und Torten backen kannst. Wichtig ist das Wissen über die Funktion der Zutaten im Teig
oder in den Cremes, damit du weißt warum und in welcher Menge die Zutaten verwendet werden.

Ich stelle dir mein Backwerkzeug vor, doch wichtiger als das Werkzeug ist die
Qualität der Zutaten und die Genauigkeit beim Abmessen.

Am Ende des Kapitels findest du einige Back-Tipps und -Tricks, die dir beim Backen und Dekorieren helfen.
Aus einfachen Zutaten und ohne besonderes Werkzeug können Torten-Dekorationen hergestellt werden.

Meine Backzutaten

Qualitativ hochwertige Zutaten spielen beim Backen eine wichtige Rolle.
Jede Zutat erfüllt eine bestimmte Funktion und aus diesem Grund kannst
du Zutaten nicht einfach weglassen, verringern oder ersetzen.
Nur wenn du die Funktion der Zutaten kennst, weißt du auch,
wie und wann eine Zutat ausgetauscht werden darf.

Genauigkeit beim Abmessen der Zutaten ist die Voraussetzung dafür,
dass dir die Rezepte gelingen. Nur wenn du die richtigen Mengenverhältnisse einhältst,
kann gewährleistet werden, dass die Teige locker,
saftig und schnittfest werden und dir das gesamte Backwerk gelingt.

Eier

Eier spielen bei Torten und Kuchen eine wichtige Rolle und nur wenige Rezepte kommen ohne Ei, Eiweiß oder Eigelb aus. Eier verleihen dem Gebäck eine ansprechende Farbe und lockern die Teige auf. Hühnereier kommen in vier Gewichtsklassen in den Handel:

Gewichtsklasse S: unter 53 Gramm
Gewichtsklasse M: zwischen 53 und 63 Gramm
Gewichtsklasse L: zwischen 63 und 73 Gramm
Gewichtsklasse XL: über 73 Gramm.

Vom Gesamtgewicht des Eies macht die Schale 10%, das Eiweiß 60% und das Eigelb 30% aus. In meinen Rezepten sind die Angaben immer für Eier der Gewichtsklasse M berücksichtigt. Mit den oben genannten Angaben kannst du das Gewicht von Eigelb und Eiweiß ausrechnen, falls du mal keine Eier der Größe M zur Hand hast.

Zum Backen solltest du immer frische Eier verwenden, da diese sich am besten luftig aufschlagen lassen. Je frischer das Ei, umso höher ist die Qualität und umso besser wird das Backwerk. Um zu testen, ob ein Ei frisch oder nicht mehr frisch ist, gibt es verschiedene Verfahren.

FRISCHETEST

Altes Ei   Frisches Ei

Das einfachste davon ist der Wassertest: frische Eier haben im Innern nur sehr kleine Luftkammern und sinken in einem Glas mit kaltem Wasser zu Boden. Alte Eier haben im Innern bereits eine große Luftkammer und schwimmen in einem Glas mit kaltem Wasser oben. Diese Eier sollte man nicht mehr zum Backen verwenden und nicht verzehren.

HALTUNGSFORMEN

Bei den Eiern solltest du darauf achten, dass sie aus Freilandhaltung stammen. Ich persönlich verwende nur Bio-Eier, da für sie die strengsten Regeln gelten. Falls du die Eier nicht beim Geflügelhof um die Ecke holst, kannst du die Herkunft anhand des Stempels auf dem Ei nachverfolgen. Die Ziffer am Anfang des Eierstempels informiert dich über die Haltungsformen:

0 = Ökologische Erzeugung (Bio-Eier)
1 = Freilandhaltung
2 = Bodenhaltung

Das Länderkürzel zeigt, aus welchem EU-Land das Ei kommt: DE = Deutschland ; AT = Österreich usw.

Die lange Ziffernfolge verrät dir Bundesland und Produzent. Mehr Informationen über die Herkunft des Eies erfährst du auf: www.was-steht-auf-dem-ei.de.

Fette

Mein Lieblingsfett zum Backen ist die Butter. Die Butter gibt den Backwaren einen feinen, aromatischen Geschmack. Bei Mürbeteig oder Hefeteig wird Butter verwendet, weil der aromatische Geschmack im Vordergrund steht.

Margarine verwende ich zu Hause gar nicht. Sie wurde als billiges und haltbares Ersatzprodukt zur Butter erfunden und besteht aus Pflanzenölen, meist tierischen Fetten und Wasser. Bei der Herstellung werden Transfettsäuren gebildet, die gesundheitlich bedenklich sind, weshalb ich auf Margarine komplett verzichte.

Werden Öle beim Backen verwendet, sollten sie geschmacksneutral sein. Dafür eignen sich am besten Sonnenblumen- oder Maiskeimöl. Hierbei gibt es kalt gepresste oder raffinierte Öle. Kalt gepresste Öle sind zwar aromatischer, aber hitzeempfindlich. Daher solltest du zum Backen oder auch Kochen raffinierte Öle verwenden, sofern du das Öl erhitzt.

Backtrennspray ist in praktischen Sprühdosen erhältlich. Damit lassen sich Backformen und Pfannen einfach mit Fett einsprühen. Kokosöl ist in jedem Supermarkt erhältlich und ist hervorragend als Zugabe zu Kuvertüre oder auch Cremes geeignet. Auch zum Backen oder Ausbacken kann man es verwenden, da es hoch erhitzbar ist.

Gewürze

Gewürze verleihen dem Gebäck Aroma, Süße oder auch eine andere Farbe. Eines der wichtigsten Backgewürze ist Vanille, die als Schote, Pulver, Extrakt oder gemischt mit Zucker als Vanillezucker angeboten wird. Vanillezucker darf man nicht mit dem künstlich hergestellten Vanillinzucker verwechseln. Ich bevorzuge beim Backen das Vanilleextrakt, welches sehr ergiebig und leicht zu dosieren ist. Das von mir verwendete Vanilleextrakt ist alkoholfrei und mit Fett und Zucker konserviert. Es wird aus reinem Vanillemark gewonnen und ist hochkonzentriert. Bereits ein halber Teelöffel genügt, damit das Gebäck oder die Creme nach Vanille schmeckt.

Zimt wird als Zimtstange oder in gemahlener Version angeboten. Beim Kauf solltest du darauf achten nur Ceylon-Zimt zu erwerben und nicht den günstigen Cassia-Zimt zu verwenden. Dieser enthält nämlich eine hohe Dosis an Cumarin, welches bei Überdosierung Nebenwirkungen, wie beispielsweise Kopfschmerzen verursachen kann. Weitere Gewürze, die hervorragend zum Backen geeignet sind, sind Nelken, Ingwer, Kardamom, Muskatnuss und Anis, die alle in getrockneter Form erhältlich sind. Man kann die Gewürze im Ganzen in Flüssigkeiten mitkochen oder gemahlen in Pulverform in Teige oder Cremes einrühren.

Kaffee, Likör & Rum

Ich verwende in Teigen und Cremes gerne Kaffee, vor allem Espresso, der bei uns zu Hause aus frisch gemahlenen Kaffeebohnen hergestellt wird. Natürlich können Kaffee und Espresso auch mit Instantkaffeepulver hergestellt werden.

Beim Backen werden gerne Likör, Wein oder Rum verwendet, da sie die Teige oder Cremes aromatisieren und auch zu einem besseren Backergebnis führen, da sie als natürliche Backtriebmittel Teige auflockern. Sie können aber je nach Rezept weggelassen, oder durch andere nichtalkoholische Flüssigkeiten wie beispielsweise Milch, Saft oder Wasser ersetzt werden.

Mehl

Mehl wird in den verschiedenen Mehltypen gehandelt. Die Typenbezeichnung gibt an, wie viel Milligramm Mineralstoffe in 100 g Mehltrockenmasse enthalten ist. Das heißt je höher die Mehltype, umso mehr Schalenanteile sind im Mehl und umso dunkler ist es. Weizenmehl Typ 405 ist das gängigste Mehl und ist ein Weißmehl.

Es ist für alle feinen Backwaren geeignet. Für einen feinen Biskuit oder eine Wiener Masse empfiehlt es sich ein Instantmehl zu verwenden, welches weniger klumpt als herkömmliches Mehl. Viele sprechen mich in meinen Videos auf das feine Mehl an, welches ich verwende. Es ist das Instantmehl der Marke Globus.

Das Weizenmehl kann problemlos durch Dinkelmehl ersetzt werden. Dinkelmehl wird von vielen Menschen besser vertragen und ist auch reich an Vitaminen und Mineralstoffen. Viele Menschen mit einer Weizenunverträglichkeit vertragen Dinkel, obwohl Dinkel sogar das Urkorn des Weizens ist. Weizenmehl 405 kann durch Dinkelmehl 630 ersetzt werden, wobei beachtet werden muss, dass Dinkel etwas mehr Flüssigkeit benötigt und somit die Dinkelmehlmenge leicht reduziert oder etwas mehr Flüssigkeit verwendet werden sollte.

Stärke

Nüsse und Mandeln

Stärke wird vor allem aus Weizen, Mais, Reis oder Kartoffeln gewonnen. Abgesehen von der Weizenstärke sind alle anderen Sorten glutenfrei.

Stärke hat gegenüber Mehl die besondere Eigenschaft, dass sie verkleistert, wenn sie mit Flüssigkeit erhitzt wird. Somit sorgt sie in Backwaren für eine stabile und schnittfeste Krume, in Cremes sorgt sie für die Bindung und Festigkeit. In Teigen wird oftmals ein Teil des Mehls durch Stärke ersetzt, damit das Gebäck feiner wird. Dadurch erhält es aber auch eine kompaktere Krume und kann leichter austrocknen.

Zum Backen verwendet man vorzugsweise Haselnüsse, Mandeln oder Kokosnüsse. Mandeln findet man im Supermarkt im Ganzen, gehäutet, gestiftet, gehobelt, gehackt oder gemahlen.

Haselnüsse findet man im Ganzen, gehäutet und gemahlen. Kokosnüsse gibt's im Ganzen, geraspelt oder als Kokoschips.

INFO

Als Krume wird das Innere von Backwaren bezeichnet. Die Krume ist abhängig von den Backzutaten, der Teigführung, der Kruste, der Art der Teiglockerung und des Backvorganges.

Möchte ich gemahlene Nüsse verwenden, dann mahle ich sie gerne selber, da das Aroma dann feiner schmeckt. Werden die Nüsse ohne Fett in einer Pfanne geröstet, intensiviert sich das Aroma.

Möchtest du einen Nussteig zubereiten, dann kannst du einen Teil des Mehls durch gemahlene Nüsse ersetzen. Je höher der Nussanteil ist, umso saftiger wird der Kuchen. Grob kann man sagen, dass je nach Rezept bis zu einem Drittel des Mehls durch Nüsse ersetzt werden darf.

Kakao, Schokolade, Kuvertüre, Marzipan & Nougat

1) SCHOKOLADE

Grundsätzlich wird zwischen den Sorten Zartbitter-, Vollmilch- und weiße Schokolade unterschieden. Schokolade mit einem höheren Fettgehalt heißt Kuvertüre. Sie hat sehr gute Fließeigenschaften und erreicht beim Erstarren eine hohe Stabilität und glänzt. Möchte man das Gebäck mit einem Schokoladenüberguss dekorieren, wählt man Kuvertüre, die vorher temperiert werden muss. Soll die Schokolade nur in den Teig eingerührt werden, kann normale Blockschokolade verwendet werden. Diese kann geschmolzen, gehackt oder geraspelt werden.

2) KUVERTÜRE

Kuvertüre wird temperiert, damit sie beim Abkühlen keinen Grauschleier bildet und sie glänzt.
Um Kuvertüre zu temperieren gibt es verschiedene Möglichkeiten. Die einfachste für zu Hause ist die Impfmethode, mit der man die Kuvertüre auch ganz ohne Thermometer temperieren kann, um die perfekte Arbeitstemperatur zu erreichen. Die perfekte Temperatur für weiße Kuvertüre liegt bei 31°C, Vollmilchkuvertüre bei 30°C und Zartbitterkuvertüre bei 29°C.

KUVERTÜRE TEMPERIEREN

1. Hacke die Kuvertüre fein und teile sie in drei gleichmäßige Portionen ein.

2. Bringe Wasser in einem Topf zum Kochen und nimm den Topf dann wieder vom Herd herunter. Fülle zwei Teile der Kuvertüre in eine Metallschüssel und stelle sie über das heiße, aber nicht mehr kochende Wasserbad. Achte darauf, dass kein Wasser in die Kuvertüre gelangt.
Rühre die Kuvertüre so lange, bis sie geschmolzen ist. Nun hat sie eine Temperatur von etwa 50°C erreicht und muss nun mithilfe der restlichen Kuvertüre abgekühlt werden.

3. Nimm die Metallschüssel vom Wasserbad herunter und rühre das restliche Drittel Kuvertüre ein. Rühre so lange, bis die Kuvertüre geschmolzen ist. Soll die Kuvertüre flüssiger sein, kann Kakaobutter oder Kokosfett hinzugefügt werden.

Die Kuvertüre kühlt nun auf die entsprechende Temperatur hinunter und kann weiter verarbeitet werden. Möchte man die Kuvertüre ganz genau temperieren, empfehle ich die Kontrolle mit einem digitalen Thermometer.

4. Als Gegenprobe ohne Thermometer tauchst du eine Palette oder ein Messer in die Kuvertüre und legst es auf eine kalte Fläche. Wird es bei Raumtemperatur in 2 Minuten fest, dann hat die Kuvertüre die perfekte Arbeitstemperatur. Benötigt sie zum Erstarren länger, dann muss sie vor der Weiterverwendung noch etwas abkühlen.

3) KAKAO

Kakao ist nicht gleich Kakao. Zum Backen wird reiner Kakao verwendet, der nicht gezuckert ist. Besonders eignet sich dafür das der „stark entölte" Kakao. Kakaopulver wird in Teige oder Cremes eingerührt, die dadurch lecker schokoladig schmecken. Auch zum Bestäuben von Kuchen und Torten wird es verwendet.

4) MARZIPANROHMASSE

Marzipanrohmasse besteht zu zwei Dritteln aus Mandeln und zu einem Drittel aus Zucker.
Zum Backen verwende ich am liebsten Lübecker Marzipan, da dieses eine geschützte Herkunftsbezeichnung ist. Das Marzipan wird in Lübeck hergestellt und hat mindestens 70% Marzipanrohmasse und 30% Zucker.

5) NOUGAT

Nougat wird aus Haselnüssen oder Mandeln, Zucker und Kakaoerzeugnissen hergestellt.
Die Zutaten werden zu einer aromatischen, schnittfesten und zart schmelzenden Masse verbunden. Nougat kann nicht zu Hause hergestellt werden, da für das aufwendige Verfahren spezielle Walzen benötigt werden.

Quark, Mascarpone und Frischkäse

Die Milchprodukte werden meist für Tortencremes verwendet und sorgen dabei für die Cremigkeit. Im Handel gibt es verschiedene Quark-Varianten.

Magerquark mit 1 bis 2% Fett, Quark mit 20% Fett und Sahnequark mit 40% Fettanteil. Mascarpone weist einen Fettgehalt von 80% auf. Verwende ich Frischkäse, dann achte ich immer darauf, dass ich Frischkäse in Doppelrahmstufe verwende, da hierbei der Fettgehalt entsprechend hoch ist und die Creme dementsprechend fest wird.

Sahne

Sahne sollte frisch verwendet werden. Je nach Fettanteil unterscheidet man zwischen: Kaffeesahne (10 bis 15% Fett), Sahne (25 bis 29% Fett), Schlagsahne (30 bis 33% Fett), Schlagsahne extra (mindestens 35% Fett) und Crème Double (mindestens 40% Fett).

In meinen Rezepten spreche ich von Sahne und meine damit die Schlagsahne mit 30 bis 33% Fettanteil. Je höher der Fettgehalt ist, umso besser lässt sie sich aufschlagen und umso länger bleibt sie standfest. Um die Sahne perfekt aufzuschlagen, sollte sie eiskalt sein. Auch die Geräte und die Rührschüssel und im besten Fall die Umgebung sollten kalt sein. Die Sahne darf keinesfalls zu lange gerührt werden, da sie ansonsten gerinnt und sich die Sahne in Butter und Buttermilch zersetzt. Das kann schnell mal passieren, vor allem wenn man mit einer Küchenmaschine arbeitet.

Um die Sahne noch länger standfest zu machen, kann man Gelatine, Agaragar oder auch Sanapart verwenden. Die einfachste Variante, um Sahne standfest zu bekommen, ist das steif Schlagen mit Sanapart, welches in Pulverform eingerührt wird. Gelatine und Agaragar müssen vor dem Verrühren mit der Sahne vorbehandelt werden. Steif geschlagene Sahne erkennt man daran, dass sie im Rührbecher standfest bleibt, wenn man den Becher umdreht.

Saure Sahne, Schmand und Crème Fraîche sind besondere Formen der Sahne, hierbei werden der Sahne Milchsäurebakterien zugesetzt.

Brauner Zucker

Brauner Zucker ist feinkörnig, weniger süß und schmeckt leicht nach Karamell. Hier gibt es auch Zuckerarten, die malzig schmecken.

Haushalts-Zucker

Brauner Zucker kann doppelt gereinigt werden und kommt dann als Haushaltszucker, auch Raffinade genannt, Puderzucker, Würfelzucker oder Hagelzucker in den Handel. Wird der Zucker erhitzt, dann fängt er bei 135°C an zu schmelzen und ist durchsichtig. Wird er weiter erhitzt, beginnt er zu bräunen (karamellisieren) und das Aroma wird bitter. Arbeitet man hierbei nicht schnell genug, verbrennt der Zucker und ist durch den bitteren Geschmack ungenießbar.

Isomalt

Isomalt ist ein Zuckeraustauschstoff. Beim Backen verwende ich ihn gerne, um beispielsweise Karamell oder Karamellfiguren herzustellen, da die Handhabung einfacher ist, weil Isomalt nicht so schnell verbrennt wie normaler Haushaltszucker. Isomalt schmilzt erst ab 142°C und karamellisiert erst bei einer höheren Temperatur. Du erhältst es nicht im Supermarkt, aber in meinem Online-Shop.

Süsser Schnee

Süßer Schnee ist mit Fett und Stärke behandelter Puder- oder Traubenzucker und schmilzt auf heißem Gebäck nicht.

Zitrusfrüchte

Zitronen, Orangen und Limetten sind die perfekten Aromaten für Teige und Cremes. Hierbei solltest du nur darauf achten unbehandelte Zitrusfrüchte zu verwenden, damit die Schale zum Verzehr geeignet ist. Achte beim Abreiben darauf, nur den äußeren farbigen Teil abzureiben, denn in diesem sind die ätherischen Öle. Die darunter liegende weiße Schale schmeckt bitter. Frisch abgerieben ist das Aroma natürlich intensiver und deshalb bevorzuge ich den frisch geriebenen Abrieb.

Bindemittel

1) GELATINE

Gelatine ist wohl das bekannteste Bindemittel, wenn es um Sahne oder Cremes geht.
Sie ist tierischen Ursprungs und wird aus den Knochen und der Haut - meist vom Schwein - gewonnen. Gemahlene Gelatine ist auch als Halal Gelatine vom Rind verfügbar. Gelatine ist als Blattgelatine, in Pulverform oder sogar als Sofort-Gelatine verfügbar. Blattgelatine wird einige Minuten in kaltem Wasser eingeweicht, anschließend gut ausgedrückt. 6 Blätter Gelatine reichen für 500 Milliliter Flüssigkeit aus.

2) GEMAHLENE GELATINE

Gemahlene Gelatine wird mit einer entsprechenden Menge Flüssigkeit vermischt und darf einige Minuten quellen. Die gequollene Blattgelatine oder Pulvergelatine wird direkt in heiße Massen eingerührt oder sofern eine kalte Creme gebunden werden soll, in einem Topf bei mittlerer Hitze vorsichtig geschmolzen. Sie wird dann mit 2-3 Esslöffeln der kalten Creme verrührt und dann mit der restlichen Creme verbunden. Sofort-Gelatine wird in Pulverform verwendet und sofort in die Masse eingerührt. Man muss sie vorher nicht quellen lassen.

3) SANAPART

Sanapart besteht aus modifizierter Stärke, Mehl und Zucker und hilft dabei, Sahne und fettreiche Milchprodukte zu steifen und länger standfest zu machen. Die Verarbeitung ist sehr einfach und daher bevorzuge ich dieses Sahnestandmittel.

Die Sahne wird kurz mit dem Schneebesen des Handrührgeräts oder der Küchenmaschine schaumig gerührt, das Sanapart wird bei mittlerer Stufe eingestreut und nun die Sahne bei mittlerer Stufe steif geschlagen.

Im Gegensatz zu „Sahnesteif" können auch Quark, Joghurt, Schmand und andere Milchprodukte mit Sanapart verdickt werden. Pro 100 Gramm Sahne oder Milchprodukt verwendet man einen Teelöffel Sanapart. Sanapart ist vegan und auch vegane Füllungen können damit hergestellt werden.

4) AGARAGAR

Agaragar ist ein rein pflanzliches Produkt und wird aus den Zellwänden einiger Algenarten gewonnen. Agaragar ist in Pulverform erhältlich und wird mit Flüssigkeit angerührt und muss, damit es wirken kann, aufgekocht und 2 Minuten lang sprudelnd kochen. Hierbei ist egal, ob das Agaragar mit Wasser oder einer anderen Flüssigkeit gekocht wird. Möchte man eine heiße Masse mit Agaragar binden, kann das Agaragar einfach mit der Masse aufgekocht werden. Wird eine kalte Masse mit Agaragar gebunden, lässt man das Agaragar 2 Minuten mit einer Flüssigkeit sprudelnd aufkochen und lässt es kurz lauwarm abkühlen.

Dann rührt man 3-4 Esslöffel der kalten Creme ein und verbindet zum Schluss alles miteinander. Agaragar beginnt bereits in lauwarmem Zustand zu gelieren. Ich verwende es in Cremes und Füllungen immer dann, wenn ich außer Sahne und den übrigen Milchprodukten auch Früchte verwenden möchte, die dann aufgrund ihrer Flüssigkeit mit dem Agaragar gebunden werden müssen. 10 Gramm Agaragar reichen für 500 Milliliter Flüssigkeit aus und entsprechen 6 Blättern Gelatine.

Backtriebmittel

1) BACKPULVER

Backpulver ist ein Gemisch aus mehreren Stoffen. Vor allem ist hier Natron und ein Säuerungsmittel vorhanden. Hierbei achte ich darauf, dass ich phosphatfreies Backpulver verwende. Backpulver reagiert, sobald es mit Flüssigkeit in Verbindung gerät, erreicht aber im Ofen erst seine volle Kraft. Teige, die Backpulver enthalten, müssen sofort gebacken werden und sollten nicht stehengelassen werden.

2) HEFE

Hefezellen sind Mikroorganismen, die für den Einsatz in der Küche gezüchtet werden. Für den privaten Hausgebrauch werden vor allem frische Hefewürfel und Trockenhefe angeboten. Frische Hefe sollte im Kühlschrank gelagert werden, dort ist sie nur kurze Zeit haltbar. Daher kann Frischhefe auch eingefroren werden und bei Bedarf im Kühlschrank aufgetaut werden. Ein Hefewürfel wiegt 42 g.

3) NATRON

Natron findet sich auch als Hauptbestandteil in Backpulver wieder. In englischen oder amerikanischen Rezepten ist Natron ein beliebtes Backtriebmittel, wird aber nicht als alleiniges Backtriebmittel verwendet, sondern benötigt zum Wirken Säure wie beispielsweise Joghurt, Essig oder Buttermilch.

4) TROCKENHEFE

Trockenhefe ist länger haltbar und sollte trocken gelagert werden. Ein Beutel Trockenhefe entspricht einem Halben Würfel Hefe.

Lebensmittel-farbpaste

LEBENSMITTELFARBPASTEN

Mit Lebensmittelfarben kann man Kuchen und Torten optisch den letzten Schliff geben und damit Teige, Cremes und Glasuren einfärben. Ich verwende hierbei immer Lebensmittelfarbpasten, da sie im Gegensatz zu flüssigen Farben die Konsistenz des Teiges nahezu nicht verändern.

Gute Lebensmittelfarbpasten von Dekoback beispielsweise gibt es mittlerweile auch in gut sortierten Supermärkten oder natürlich auch in meinem Online Shop. Die Farben von Dekoback sind ohne die kennzeichnungspflichtigen Azo-Farbstoffe und daher unbedenklich.

In vielen Online-Foren werden Lebensmittelfarbpasten angeboten, die Azo-Farbstoffe enthalten, die Aufmerksamkeits- und Konzentrationsstörungen bei Kindern hervorrufen können und somit kennzeichnungspflichtig sind.

Die Azo-Farbstoffe sorgen für die extreme Leuchtkraft in den Farbpasten. Wer darauf aber lieber verzichten möchte, verwendet die azofreien Farben.

Backhelfer

1) TEIGHÖLZER

Mit den Teighölzern kannst du Teige gleichmäßig dick ausrollen, indem du sie rechts und links vom Teig platzierst und den Teig mithilfe eines Ausrollstabs auswellst.

2) KÜCHENREIBE

Eine Küchenreibe ist aus meiner Küche nicht wegzudenken, weil ich gerne den Abrieb von Zitrusfrüchten verwende. Auch Gewürze wie Ingwer, Muskatnuss oder auch Obst und Gemüse lassen sich hervorragend damit reiben.

3) TORTENSÄGE

Mit einer Tortensäge lassen sich Tortenböden gleichmäßig durchschneiden. Die Höhe der Tortenböden kannst du individuell bestimmen.

4) BISIKLET ODER PIZZASCHNEIDER

Mit einem Bisiklet (5 Klingen) oder einem Pizzaschneider schneide ich beim Backen gerne flache Teige durch, um lange Streifen zu erhalten. Das Bisiklet hat den Vorteil, dass ich mit den 5 Klingen 4 gleichmäßige Streifen in gleicher Breite auf einmal schneiden kann.

5) SILIKONPINSEL

Mit dem Silikonpinsel bestreiche ich Kuchen- und Tortenböden mit Marmelade, Zuckerguss oder Kuvertüre oder tränke sie mit einer Flüssigkeit. Der Pinsel kann auch zum Einfetten von Backformen verwendet werden.

6) TEIGSCHABER

Teigschaber sind in meiner Küche unentbehrlich. Damit lassen sich Zutaten unter Teige heben und ich bekomme jeden Rest aus den Rührschüsseln heraus.

7) BACKLÖFFEL

Mit dem Backlöffel lassen sich Teige wie Brandteig, die nicht luftig geschlagen werden müssen, hervorragend verrühren.

8) ZUCKER- ODER SCHOKOLADENTHERMOMETER

Ein Thermometer benötigst du dann, wenn du oft mit temperierter Kuvertüre oder Karamell arbeitest. Das erleichtert dir das Arbeiten und du kannst präzise die Temperatur messen. Für Schokolade empfehle ich ein digitales Thermometer.

9) ZITRUSPRESSE

Mit dieser Zitruspresse bekommt man den letzten Tropfen Saft aus den Früchten heraus.

10) AUSROLLSTAB

Ich empfehle einen Ausrollstab aus Silikon oder Kunststoff, da Teige daran nicht so stark kleben wie auf einem Holzausrollstab.

11) HAARSIEB

Haarsiebe in klein und groß sorgen für klümpchenfreie Zutaten wie Mehl, Kakao oder Stärke. Ich verwende sie außerdem gerne für Cremes, um sie von groben Rückständen zu befreien.

12) LÖFFELABLAGE

Die Löffelablage hält meine Arbeitsfläche sauber und ich lege darauf mein verschmutztes Werkzeug ab, welches ich noch weiterverwenden möchte.

13) DIGITALWAAGE

Die Digitalwaage misst genauer ab als eine analoge Waage, daher bevorzuge ich sie.

Backformen & Zubehör

1) PERFORIERTES BACKBLECH

Mit dem perforierten Backblech wird der Teig im Ofen schneller gar, weil eine bessere Hitzeleitung möglich ist. Die Standartgröße passt in nahezu jeden Backofen. Beim Backen stelle ich das Backblech auf meinen Backrost im Ofen, der im unteren Drittel der Einschubleisten platziert ist.

2) RUNDER UND ECKIGER TORTENRETTER

Mit den Tortenrettern kann ich Kuchen- und Tortenböden von der Backfolie oder dem Backpapier herunternehmen, ohne diese zu zerstören. Außerdem ist der Tortenretter die ideale Arbeitsgrundlage.

3) TARTEFORMEN MIT HEBEBODEN

Einige Tarteformen sind perforiert, haben also winzig kleine Löcher, damit die Teige gleichmäßig und schnell darin backen. Der Hebeboden ist ideal, weil ich die Tartes dadurch leichter herausnehmen kann, ohne sie zu zerstören.

4) BACKFORM STERN, HERZ UND BLUME

Die Backformen verwende ich in Kombination mit dem perforierten Backblech, da dieses die ideale Grundlage ist. Die Backformen müssen beim Backen gerade aufliegen, nur dann ist gewährleistet, dass der Teig beim Backen nicht ausläuft. Durch den fehlenden (Springform-) Boden backt der Teig bis zu 20 Prozent schneller durch und geht gleichmäßig auf. Die Backformen können nach dem Backen auch zum Befüllen mit Cremes verwendet werden.

5) BACKRING

Die Backringe gibt es in verschiedenen festen Größen oder auch als verstellbare Backringe mit 10 oder 7 Zentimetern Höhe.

Die verstellbaren Backringe sind wie die Backformen individuell einsetzbar und in Kombination mit dem perforierten Backblech sorgen sie für eine gleichmäßige Hitzezufuhr. Die Teige backen darin gleichmäßig und schneller durch. Anschließend können sie auch zum Befüllen der Torten verwendet werden.

6) ECKIGER BACKRAHMEN

Der eckige Backrahmen ersetzt das typische Backblech, welches jeder kennt. In Kombination mit dem perforierten Backblech backt er Teige gleichmäßig und schnell durch. Die gebackenen Kuchen und Torten haben perfekte Ecken, wodurch ein Wegschneiden wegfällt. Die Größe ist individuell einstellbar und für die Reinigung lässt sich der Backrahmen ganz einfach komplett auseinander bauen.

7) BACKFOLIE

Die Backfolie ersetzt das Backpapier und ist bis zu 1000 Mal wiederverwendbar. Sie ist somit ressourcenschonend. Die Backfolie ist größer als das perforierte Backblech und dient als Auslaufschutz zwischen dem perforierten Backblech und den Backformen. Beachte, dass du auf der Backfolie nicht mit einem scharfen Messer schneidest.

8) ABKÜHLGITTER

Wenn ein Kuchen frisch aus dem Ofen kommt, muss er in Ruhe abkühlen. Das geht am besten auf einem Abkühlgitter, welches man schon im Voraus bereitgestellt hat. Das Gitter ist auch ideal, um Kuchen mit Kuvertüre zu übergießen.

9) TORTENEINTEILER

Den Torteneinteiler legt man auf Kuchen und Torten auf und markiert damit gleichmäßige Kuchenstücke. Mit einem Messer werden die Stücke dann geschnitten.

Werkzeug zum Dekorieren & Arbeiten

1) SPRITZBEUTELSTÄNDER

Der Spritzbeutelständer ist der ideale Abstellplatz für den Spritzbeutel beim Befüllen. Dort kann auch der bereits befüllte Spritzbeutel abgestellt werden, damit die Arbeitsfläche sauber bleibt. Ich arbeite am liebsten mit Einwegspritzbeuteln, was keineswegs bedeutet, dass sie nur einmal verwendbar sind.

2) TORTENDREHPLATTE

Die Tortendrehplatte ist mein perfekter Dekorations-Assistent. Darauf stelle ich die Torten zum Befüllen oder auch Dekorieren. Die eine Hand dekoriert oder befüllt die Torte, die andere Hand dreht die Platte.

3) TEIG-ZERHACKER

Mit dem Teig-Zerhacker lassen sich vor allem Mürbeteige schnell und einfach zerhacken.

4) TEIGKARTEN

Teigkarten aus Kunststoff sind biegsam und flexibel, damit klebe ich gerne Streusel oder Dekorationen an den Rand der Torte. Teigkarten aus Edelstahl sind fest und stabil und damit lassen sich Torten hervorragend glatt streichen oder auch feste Teige einteilen und portionieren.

5) MESSLÖFFEL

Die Messlöffel sind in verschiedenen Größen verfügbar und erlauben es mir immer die exakt gleiche Menge der Zutaten abzumessen.

6) SPRITZTÜLLEN

Ich empfehle die Anschaffung von den Basis-Tüllen: Sterntülle, Rosettentülle und Lochtülle. Als Zusatz kann auch eine Fülltülle verwendet werden, mit der man Berliner oder auch Windbeutel befüllen kann.

7) TORTENRINGMESSER

Das Tortenringmesser hilft dir dabei den fertig gebackenen Kuchen von der Backform zu lösen, ohne dabei die Backfolie oder den Kuchen zu beschädigen. Die doppelte, stumpfe Klinge umschließt die Backform, so dass ein Verrutschen nicht möglich ist.

8) WINKEL- UND STREICHPALETTEN

Die Winkel- und Streichpaletten sind bei mir Multiwerkzeuge, die vielseitig einsetzbar sind. Mit ihnen verstreiche ich Teige, Cremes und Füllungen aller Art. Hierbei empfehle ich eine kleine und eine große Palette. Am liebsten arbeite ich mit der kleinen Winkelpalette.

9) MARZIPANMESSER

Das stumpfe Marzipanmesser eignet sich hervorragend zum Schneiden von Marzipan oder Teigen. Hiermit beschädigst du die Küchenarbeitsplatte oder Silikonmatte nicht.

FLEXDECKEL & STRETCHI

Die Universaldeckel und Stretchis sind in verschiedenen Größen erhältlich und du kannst damit alle glatten Schüsseln, Teller oder Gläser abdecken und luftdicht verschließen. Ich nutze sie gerne, weil sie ressourcenschonend sind und ich mir somit Alu- und Frischhaltefolie spare.

Küchenmaschinen

Zu den wichtigsten Werkzeugen in meiner Küche gehören vor allem meine Küchenmaschinen. Hierbei betone ich meine Küche, denn welches Werkzeug in deiner Küche am wichtigsten ist, entscheidest du selbst. Das kommt nämlich ganz darauf an wie und wie viel du arbeitest, kochst und backst.

Als ich mit dem Backen anfing, habe ich mit einem Handrührgerät und wenig Werkzeug gearbeitet. Natürlich kostete es mich dann auch mehr Zeit, um das Backwerk zu vollenden. Mit der Zeit merkte ich, dass ich einen Küchenhelfer brauchte, je öfter ich in

der Küche arbeitete. Also entschied ich mich dazu mir eine Küchenmaschine zuzulegen und habe mich für die Kitchenaid Artisan in der Farbe Himbeereis entschieden. Mir war wichtig, dass die Qualität hoch und die Lebensdauer der Maschine lang ist. Kurz darauf durfte die Kenwood Cooking Chef in meiner Küche einziehen, auf die ich durch meine Zuschauer aufmerksam wurde, weil ich eine Küchenmaschine mit Hitzefunktion gesucht habe. Beide Maschinen werden von mir regelmäßig zum Kochen und Backen verwendet und sind fest in meinen Back- und Kochrhythmus integriert.

RÜHRELEMENTE

Wer von einem Handrührgerät auf eine Küchenmaschine umsteigt sollte wissen, wie die verschiedenen Rührelemente zu verwenden sind.

1) FLACHRÜHRER

Mit dem Flachrührer werden festere Teige wie Rührteige und Mürbeteige oder auch Massen mit Butter verrührt.

2) FLEXIRÜHRER

Mit dem Flexirührer werden festere Teige wie Rührteige oder auch Massen mit Butter verrührt. Er bietet den Vorteil, dass er mit der Gummilippe alle Zutaten bis zum Rand abschabt.

3) SCHNEEBESEN

Mit dem Schneebesen werden Eiweiß, Sahne und flüssige Massen verrührt.

4) KNETHAKEN

Mit dem Knethaken werden feste Teige wie Hefeteig und Nudelteig geknetet.

MEINE TIPPS

Ich werde immer wieder von meinen Zuschauern nach den Küchenmaschinen und meinen Erfahrungen damit gefragt: „Sally, welches ist denn nun die beste Küchenmaschine?" So pauschal kann ich das gar nicht beantworten, da es immer auf die Bedürfnisse des Anwenders ankommt, auf die Haushaltsgröße und auf den Ernährungsstil. Jedem sollte bewusst sein, dass man durch eine Küchenmaschine nicht besser kochen oder backen kann, es erleichtert allerdings die Arbeit und spart Zeit. Wichtiger als der Erwerb einer Küchenmaschine sind in meinen Augen die qualitativ hochwertigen Zutaten, die einen Kuchen oder eine Torte erst zu dem machen, was sie sind. Es bringt nichts sich einen teuren Grill zu kaufen und dann billige Würste zu grillen.

Eine Küchenmaschine sollte qualitativ hochwertig sein, damit sie dir lange Zeit Freude bereitet. Es gibt einige Merkmale, an denen du eine gute Küchenmaschine erkennen kannst: Das hohe Gewicht zeigt, dass hochwertige Materialien verwendet wurden. Es ist außerdem wichtig, damit die Maschine beim Kneten oder Rühren fester Teige nicht von der Arbeitsfläche herunterfällt. Günstige Maschinen kompensieren das leichte Gewicht mit Saugknöpfen an der Unterseite. Die Rührelemente der Maschine sollten aus Metall und nicht aus Kunststoff sein, da Kunststoffe schnell porös werden und kaputtgehen. Wichtig ist auch, dass man Zusatz- und Ersatzteile überall erwerben kann, wie beispielsweise eine zweite Rührschüssel, die in meinen Augen einer der wichtigsten Zubehörteile darstellt.

Meine Tipps & Tricks

ABKÜHLEN

Backe die Kuchenteige für Torten am besten immer am Vortag, damit der Kuchen genügend Zeit zum Abkühlen hat. Er lässt sich dann auch besser mit einer Tortensäge durchschneiden und krümelt nicht.

BACKFORMEN

Bei den modernen Torten habe ich ein paar Rezepte mit dabei, bei denen die Torten sehr hoch sind, da sie mir optisch besser gefallen. Hierfür verwende ich mehrere kleine Backringe. Statt der kleinen Backringe kannst du aber jederzeit die Teigmenge mithilfe der Umrechnungstabelle auf S. 390 umrechnen und eine große, nicht so hohe Torte backen. Oder du bereitest die Torte nur halb so hoch zu und halbierst die Teigmenge.

BACKOFENTÜR

Öffne die Backofentür niemals zu früh, da ansonsten das Gebäck zusammenfallen kann. Öffne die Tür zum Nachsehen immer erst nach den ersten zwei Dritteln der Backzeit.

BACKZEIT

Da ich in meinen Rezepten mit den Backrahmen, -ringen und -formen in Verbindung mit dem perforierten Backblech backe, habe ich verkürzte Backzeiten. Es kann also sein, dass du 5-15 Minuten länger als im Rezept angegeben backen musst, falls du herkömmliche Springformen und Backbleche verwendest.

BACKFOLIE UND BACKPAPIER

Verwende ich zum Backen sehr flüssige Teige, dann schlage ich die Backringe gerne mit Backpapier ein, um ein Auslaufen des Teiges zu verhindern. Bereite ich feste Hefeteige, Wiener- oder Biskuitmassen zu, stelle ich die Backformen nur auf das mit Backfolie belegte perforierte Backblech. Durch die Backfolie spare ich das Backpapier ein und kann ressourcenschonend arbeiten.

EINFETTEN

Fette die Backformen nur dann ein, wenn es ausdrücklich im Rezept geschrieben steht. Die Backrahmen und -ringe müssen nicht gefettet werden. Biskuit- und Rührteige und Wiener Massen gehen gleichmäßig auf, wenn die Backform nicht gefettet wird. Der Teig haftet besser an der Backform und fällt nicht zusammen.

GARPROBE

Nutze die Stäbchenprobe, um zu testen, ob der Kuchen durchgebacken ist: stecke dazu einen Zahnstocher oder einen Schaschlikspieß mittig in den Kuchen und zieh ihn wieder heraus. Bleibt kein Teig mehr daran kleben, ist der Kuchen fertig und kann aus dem Ofen geholt werden.

TRÄNKEN

Kuchen- und Tortenböden tränke ich vor dem Bestreichen oder Befüllen mit Creme gerne mit einer Flüssigkeit. Somit wird der Teig noch saftiger und man kann ihn damit „parfümieren". Dafür eignen sich Kaffee, Zuckersirup, erwärmtes Gelee, Likör oder auch Säfte.

GLEICHMÄSSIG BACKEN

Teige werden gleichmäßig hoch und ohne Hubbel gebacken, wenn Backformen ohne Boden verwendet werden. Deswegen benutze ich die Backringe, -rahmen und -formen in Verbindung mit dem perforierten Backblech. Noch ein Tipp von mir: Streiche den Teig an der Backform entlang nach oben, damit der Teig besser und gleichmäßiger aufgehen kann.

KUVERTÜRE-RESTE

Übrig gebliebene Kuvertüre- oder Schokoladenreste kannst du jederzeit Einschmelzen und daraus Schoko-Crossies zubereiten. Verrühre die flüssige Schokolade mit Cornflakes und gestifteten oder gehackten Mandeln und setze mithilfe von zwei Teelöffeln kleine Häufchen auf eine Backfolie und lasse sie erstarren. Die Schoko-Crossies sind eine leckere Resteverwertung.

SIEBEN

In meinen Rezepten ist immer von gesiebten Zutaten die Rede. Mehl, Stärke, Kakao und Backpulver sollten stets gesiebt werden, damit die Teige locker und luftig werden und keine Klümpchen im Teig sind.

STÜRZEN

Stürze die Kuchen nach dem Backen, damit sie eine gerade Oberfläche bekommen. Lass sie nach dem Backen etwa 10-15 Minuten abkühlen, damit die Kruste fest und stabil wird und stürze sie erst dann auf ein Auskühlgitter oder auf ein sauberes Geschirrtuch. Decke die Kuchen zum Abkühlen ab, damit sie nicht austrocknen.

VORHEIZEN

Denke immer daran den Ofen rechtzeitig vorzuheizen, damit er beim Einschieben des Teiges die perfekte Temperatur hat. Lass die schaumigen Teige nicht stehen, sondern backe sie sofort, damit sie nicht an Volumen verlieren.

WASSERBAD (HEISS)

Über einem heißen Wasserbad werden Zutaten geschmolzen, erhitzt, cremig oder schaumig gerührt. Verwende dafür einen Topf und fülle ihn etwa 5 cm hoch mit Wasser. Stelle eine hitzebeständige (Metall-) Schüssel auf den Topf. Sie darf das Wasser berühren. Beim Schmelzen von Kuvertüre lasse ich vorher das Wasser aufkochen und ziehe es dann vom Herd herunter. Die Metallschüssel mit der Kuvertüre lege ich erst dann auf den Topf, wenn das Wasser nicht mehr kocht, aber immer noch heiß ist. Die Hitze reicht völlig aus, um Kuvertüre oder Schokolade zu schmelzen. Achte darauf, dass beim Schokolade schmelzen kein Wasser in die Schokolade gelangt! Möchte ich Eier erwärmen, lasse ich das Wasser währenddessen kochen.

WASSERBAD (KALT)

Ein kaltes Wasserbad kann verwendet werden, um Massen oder Cremes schneller abzukühlen. Stelle hierfür eine große Schüssel mit der warmen Masse in einen Topf mit Eiswasser.

ZUTATEN

Bei vielen Teigen werden die Zutaten zimmerwarm verwendet, weil sich beispielsweise Eier besser aufschlagen lassen, wenn sie nicht kalt sind. Der einzige Teig, der kalte Zutaten erfordert, ist der Mürbeteig. Denke bitte immer rechtzeitig daran die Zutaten aus dem Kühlschrank zu nehmen.

Tortendekorationen herstellen

Hier zeige ich dir wie du Tortendekorationen einfach selber machen kannst.

Belegkirschen

Belegkirschen gibt's bereits fertig im Handel zu kaufen. Jedoch sind sie kaum noch natürlich und schmecken auch nicht nach Kirschen. Ihnen wird chemisch der Farbstoff entzogen, damit ein künstlicher Farbstoff hinzugefügt werden kann. Aus diesem Grund bereite ich die Belegkirschen gerne selbst zu. Hierfür benötigst du entsteinte Kirschen. Diese können frisch, aus dem Glas oder aus dem Gefrierfach sein.

ZUBEREITUNG

Verrühre den Zucker mit dem Kirschsaft in einem Topf und lasse die Mischung aufkochen. Koche sie so lange ein, bis der Sirup dickflüssig wird. Ziehe den Topf vom Herd herunter und rühre die Kirschen vorsichtig hinein. Rühre so lange, bis die Kirschen mit dem Sirup ummantelt sind. Lege sie zum Aushärten und Abkühlen auf ein Abkühlgitter.

ZUTATEN FÜR 20-30 KIRSCHEN

30 g Zucker

50 ml Kirschsaft

20-30 entkernte Kirschen

Karamell-Figuren

Um Karamelldekorationen herzustellen benötigst du nur Zucker. Du kannst die Dekorationen mit einfachem, weißen Haushaltszucker herstellen, musst aber aufpassen, dass der Zucker nicht verbrennt. Einfacher geht es mit Isomalt, einer speziellen Zuckerart, die einen höheren Schmelzpunkt hat. Das Isomalt schmilzt und karamellisiert gleichmäßig und langsam und vereinfacht daher die Herstellung von Karamell-Figuren, da es auch nicht so schnell aushärtet wie normaler Haushaltszucker.

Zubereitung

1. Schmilz je nach Bedarf etwa 100 g Zucker oder Isomalt in einer Pfanne ohne Zugabe von Wasser bei mittelhoher Hitze. Rühre nicht, sondern lass den Zucker gleichmäßig schmelzen. Zieh die Pfanne vom Herd herunter, sobald der Zucker hell karamellfarben ist. Lass ihn einen Moment abkühlen, damit er fester wird.

2. Mit diesem Karamell kannst du nun Zuckerfäden ziehen oder beispielsweise Nüsse karamellisieren. Um Karamell-Schälchen herzustellen, fettest du ein paar Esslöffel mit Backtrennspray ein.

3. Gieße mithilfe eines sauberen Esslöffels das Karamell auf die Rückseite des eingefetteten Esslöffels. Lege vorher ein Backpapier darunter, damit das heiße Karamell nicht auf deine Küchenarbeitsplatte fließt. Lass die Löffel einige Minuten bei Zimmertemperatur liegen, damit das Karamell fest wird und löse anschließend die Karamell-Schälchen vorsichtig von den Löffeln. Bewahre sie luftdicht verpackt auf, damit sie keine Feuchtigkeit ziehen.

Schokolade

SCHOKOLADEN-DEKORATIONEN

Um Schokoladen-Dekorationen herzustellen wird Kuvertüre verwendet, da sie einen höheren Fettgehalt und daher bessere Fließeigenschaften hat. Außerdem glänzt sie schön beim Erstarren. Die Kuvertüre sollte vor der Verwendung temperiert werden, damit sie beim Aushärten keinen Grauschleier bekommt. Eine Anleitung findest du auf S. 35.

SCHOKOLADEN-UMMANTELUNG

Streiche die temperierte Kuvertüre auf einen Backpapierbogen und lege diesen um eine Torte herum. Lasse ihn erstarren und ziehe das Backpapier ab. So erhältst du einen Schokoladen-Mantel.

SCHOKOLADENSPÄNE

Schneide die Kuvertüre mithilfe eines scharfen, großen Messers in dünne, feine Späne.

SCHOKOLADENRÖLLCHEN

Um einfache Schokoladenröllchen herzustellen legst du einen Kuvertüre-Block auf die Arbeitsfläche und ziehst mit der scharfen Seite eines Messers dünne Röllchen ab.

SCHOKOLADENRASPEL

Rasple die Kuvertüre mithilfe einer Küchenreibe in feine Schokoladenraspel.

AUFWENDIGE SCHOKOLADENRÖLLCHEN

Streiche die temperierte Kuvertüre ganz dünn auf einen Tortenretter oder eine Marmorplatte und verstreiche sie dünn mit einer Palette. Verstreiche sie so lange, bis die Kuvertüre matt wird. Ziehe mit einer Teigkarte aus Metall Schokoladenröllchen ab, indem du die Kuvertüre nach vorne schiebst.

KROKANT

ZUTATEN

200 g gehackte Mandeln

50 ml Wasser

200 g Zucker

1 EL Butter

ZUBEREITUNG

1. Koche das Wasser mit dem Zucker in einer Pfanne so lange auf, bis der Sirup hell karamellfarben wird. Füge die Mandeln und die Butter hinzu und rühre so lange, bis die Mandeln karamellfarben sind. Verteile sie auf einem Backpapier und lass sie abkühlen.

2. Fülle sie in einen Gefrierbeutel und zerkleinere sie mit einem Ausrollstab.

Ananas-Blumen

Diese Blumen sehen nicht nur toll aus, sie schmecken auch hervorragend und sind zudem gesund!

Zubereitung

2. Schneide die Ananas in 1 mm dünne Scheiben und tupfe die Feuchtigkeit mit einem Küchentuch ab.

3. Lege sie ausgebreitet auf Backpapier und trockne sie im Ofen bei 100°C Umluft von jeder Seite etwa 45 Minuten. Stecke einen Kochlöffel zwischen die Ofentür, damit die Feuchtigkeit entweichen kann. Sind die Ananasscheiben nach insgesamt 90 Minuten noch zu feucht, dann trockne sie weitere 10-15 Minuten.

4. Lege sie zum Aushärten in kleine Tassen oder in Muffinförmchen, damit sie rundlich geformt werden.

1. Schäle die Ananas, indem du die äußere Schale mit einem scharfen Messer entfernst. Entferne die Augen mithilfe eines kleinen Löffels oder einem Kugelausstecher.

Grundrezepte meiner Lieblings-Teige

Egal ob einfache Rührteige oder aufwändige Wiener Böden
– die Grundlage für jede Torte und jeden Kuchen ist ein perfekter Teig.
Auf den nächsten Seiten möchte ich dir meine Lieblings-Teige vorstellen und grundlegende Tipps für
das Gelingen der jeweiligen Teige verraten. Die Teige lassen sich fast alle vorbereiten und einfrieren.
Alle - mit Ausnahme der Baisermasse - können fertig gebacken, abgekühlt und
eingepackt mehrere Wochen eingefroren werden.

Umgangssprachlich werden alle als Teig bezeichnet, doch in der Konditorei unterscheidet man zwischen
Masse und Teig. Bei der Masse, beispielsweise Wiener Masse oder Biskuitmasse, ist das Ei für die Bindung
zuständig. Beim Teig, Mürbeteig, Rühr- oder Hefeteig ist das Mehl für die Bindung zuständig.

Süsser Hefeteig

Germteig

Der Hefeteig, an manchen Orten auch Germteig genannt, gehört zu meinen Lieblingsteigen, da er sehr vielseitig einsetzbar ist. Grundlage dafür sind Zutaten wie Mehl, Wasser, Salz und Bäckerhefe. Je nachdem was daraus entstehen soll, werden weitere Zutaten wie Milch, Butter und Eier hinzugefügt. Für das Gelingen des Teiges ist vor allem die Zeit sehr wichtig. Wenn man den Teig lange genug aufgehen lässt, wird er perfekt und das Gebäck locker.

Ich kenne viele, die sich von alleine nicht so richtig an einen Hefeteig getraut haben, bis sie eine einfache Anleitung von mir gesehen haben. Egal ob daraus Berliner, Zimtschnecken, ein Nusszopf oder ein Bienenstich gebacken wird – bei der Kreativität und dem Variationsreichtum gibt's keine Grenzen. Bei der Herstellung gibt es verschiedene Führungsarten und der fertige Teig kann im Ofen gebacken, in heißem Öl frittiert oder auch dampfgegart werden.

 Zubereitungszeit: 20 Min. Wartezeit: 30 - 60 Min.

Grundlage für den Hefeteig ist, wie der Name schon sagt, Hefe. Hierbei kann sowohl frische Hefe, als auch Trockenhefe verwendet werden. Hefe ist eine lebende Kultur, die mit Luft, Feuchtigkeit, Zucker und Wärme versorgt werden möchte.

Wird den Pilzzellen eine angenehme Umgebung geboten, teilen sie sich schnell und vermehren sich.

Hierbei wird der Zucker in Alkohol und Kohlendioxid verwandelt. Es entstehen kleine Bläschen, die mit Gas gefüllt sind und das Volumen des Teiges vergrößern. Der Teig „geht auf". Behandelt man die Hefe falsch, überhitzt sie, gibt ihr keine Nahrung oder Feuchtigkeit, dann vermehrt sie sich nicht oder nur ganz schwer, oder stirbt im schlimmsten Fall ab.

Zum Anrühren der Hefe verwende ich gerne Wasser und Zucker. Das Wasser darf etwa 30°C warm sein. Natürlich kann die Hefe auch mit Milch angerührt werden. Der Vorteil von Wasser ist, dass es im Gegensatz zu Milch kein Fett enthält, welches sich um die Hefepilze legen kann.

Das Fett gebe ich immer ganz zum Schluss mit in den Teig, also erst dann, wenn die Hefe bereits angerührt und nass ist.

Tipp ♡

Heize den Ofen auf 50°C O/U vor
und schalte ihn dann wieder aus.
Warte ein paar Minuten und stelle
den Teig zum Aufgehen in den
noch etwa 30-40°C warmen Ofen.

Bei der Zubereitung gibt es zwei Methoden:
mit oder ohne Vorteig. Für die Zubereitung ohne
Vorteig werden alle Zutaten vermischt und zu einem
Teig verknetet. Möchte man einen Vorteig zubereiten,
vermischt man Hefe, Wasser, Zucker und einen Teil
des Mehls, den man ein paar Minuten stehen lassen
kann, damit er reift. Anschließend wird der Vorteig
mit den restlichen Zutaten zu einem Hefeteig
verarbeitet.

Der Vorteil von Vorteig ist, dass das Gebäck
aromatischer schmeckt und sich änger frisch hält.
Je länger ein Hefeteig geknetet wird, umso besser
wird er, weil das im Mehl vorhandene Gluten
aufquillt und zäh wird. Der Teig bekommt dadurch
die Fähigkeit, Gase zu halten, die beim Aufgehen
entstehen.

Hefeteig ist direkt nach der Verarbeitung sehr zäh,
weil er eine Spannung besitzt. Daher muss Hefeteig
ruhen, damit der Teig reifen kann und der Kleber im
Mehl entspannt. Dafür deckt man den Teig mit
einem sauberen Geschirrtuch, einer Frischhaltefolie
oder einem Flexdeckel ab, damit die Oberfläche
nicht austrocknet.

Am besten lässt man den Teig an einem warmen
Ort, im Winter neben der Heizung, im Sommer bei
Raumtemperatur lagern.

Tipp ♡

Je länger ein Hefeteig geknetet wird, umso besser wird er. Nimm dir genügend Zeit bei der Zubereitung und lass ihn an einem warmen Ort aufgehen. Lasse das geformte Gebäck erneut aufgehen, damit es locker wird.

Der Teig ist perfekt aufgegangen, wenn er sich verdoppelt hat. Aus diesem Teig lässt sich nun das gewünschte Gebäck formen. Dieses sollte idealerweise erneut aufgehen, damit es luftig und locker wird. Dafür wird das Gebäck erneut abgedeckt, damit es nicht austrocknet, oder mit Milch oder einer anderen Mischung bestrichen.

Das geformte Gebäck kann aber auch in den kalten Ofen geschoben werden, der dann auf die gewünschte Backtemperatur aufgeheizt wird. Das Gebäck hat in der Aufheizphase des Ofens so genügend Zeit, um aufzugehen.

Hefeteige werden in drei Klassen eingeteilt: leichter, mittelfester und schwerer Hefeteig. Hierbei unterscheidet sich die jeweilige Fettmenge im Teig. Im leichten Hefeteig werden nicht mehr als 150 Gramm Fett pro Kilogramm Mehl verwendet, beispielsweise für Berliner oder Krapfen.

Im mittelfesten Teig werden zwischen 150 und 250 g Fett pro Kilogramm Mehl verwendet, beispielsweise für den Nusszopf. Im schweren Hefeteig wird mehr als 250 Gramm Fett pro Kilogramm Mehl verwendet, beispielsweise für Gugelhupf oder Butterkuchen. Das Fett sorgt im Hefeteig dafür, dass dieser nicht austrocknet und feucht bleibt.

Hefeteig kann abgedeckt im Kühlschrank gelagert werden. Auch dort geht er gut auf. Du kannst somit am Abend den Teig zubereiten und ihn im Kühlschrank abgedeckt über Nacht stehen lassen, damit er aufgeht. Nimm ihn am nächsten Tag etwa 30 Minuten vor der Verarbeitung aus dem Kühlschrank, damit sich die Temperatur angleicht und forme den Hefeteig dann nach Belieben weiter. Hierbei kannst du auch weniger Hefe verwenden, damit der Hefegeschmack nicht so stark ist.

HEFETEIG:

1 Würfel Hefe

2 EL warmes Wasser

80 g Zucker

1 Ei

1 TL Salz

200 ml lauwarme Milch

500 g Mehl

80 g flüssige Butter

1. Verrühre die Hefe mit Wasser und Zucker und lass die Mischung nach Belieben 5-10 Minuten stehen.

2. Füge das Ei, das Salz, die Milch und das Mehl hinzu.

3. Knete daraus mit den Händen, oder mit dem Knethaken der Küchenmaschine oder des Handrührgeräts einen Teig. Füge zum Schluss die flüssige Butter hinzu und knete den Teig mindestens 7-8 Minuten gründlich durch. Der Teig ist fertig, wenn er nicht mehr klebt.

4. Forme ihn zu einer Kugel und lege ihn in eine bemehlte Schüssel. Bestreue ihn mit Mehl oder streich ihn mit Butter ein und decke ihn mit einem sauberen Küchentuch, Frischhaltefolie oder einem Flexdeckel ab und lass ihn etwa 30-60 Minuten an einem warmen Ort aufgehen, bis er sich verdoppelt hat. Forme ihn nun nach Belieben weiter und lass das geformte Gebäck erneut aufgehen, bevor du es backst. Rezeptideen findest du auf S. 23 und S. 133.

Wiener Masse

Wiener Boden

Die Wiener Masse ist fast so leicht wie Biskuitmasse, aber etwas feinporiger und saftiger,
weil flüssige Butter eingearbeitet wird. Sie ist die Grundlage für viele Torten und ich verwende sie gerne,
weil sie stabil und dennoch saftig und fein ist.

Die Wiener Masse wird im Gegensatz zu Biskuit aus ganzen Eiern zubereitet, die zuerst mit Zucker über
einem Wasserbad erwärmt und dann kalt aufgeschlagen werden, wodurch die Eiermasse stabil wird.
Daraus entsteht ein feines Gebäck, welches aufgrund des zugefügten Fettes länger frisch und saftiger
bleibt und ein feines Aroma hat.

Die Herstellung ist zwar etwas zeitintensiver als bei anderen Teigen,
aber ich finde die Arbeit lohnt sich und man wird mit einem sehr feinen Kuchen belohnt.

 Zubereitungszeit: 40 Min.

Bei der Zubereitung der Wiener Masse ist Genauigkeit das A und O. Die Zutaten müssen exakt abgewogen werden, damit das Verhältnis zwischen Eiern, Zucker, Mehl, Stärke und Butter stimmt. Für die Zubereitung sollte man sich genügend Zeit nehmen. Ich bereite den Wiener Boden immer gerne einen Tag vor der Weiterverarbeitung zu und lasse ihn nach dem vollständigen Abkühlen eingepackt über Nacht ruhen. Der ausgeruhte Teig lässt sich am nächsten Tag am besten schneiden.

Der Wiener Boden ist die ideale Grundlage für Sahne- oder auch Buttercremetorten und lässt sich durch Vanilleextrakt oder beispielsweise Zitronenschalenabrieb verfeinern.

Die Zubereitung erfolgt mit der Einkesselmethode. Die Eier werden mit dem Zucker, Salz und nach Belieben mit Vanilleextrakt oder dem Zitronenschalenabrieb über dem heißen Wasserbad erwärmt. Dafür werden die Zutaten in eine hitzebeständige Metallschüssel gefüllt und auf einen Topf mit kochendem Wasser gestellt. Mit einem Schneebesen werden die Zutaten verrührt, damit das Ei nicht stockt. Die Zutaten sollen hierbei auf etwa 45°C erwärmt werden. Die Temperatur wird nach etwa 3-4 Minuten auf dem Wasserbad erreicht.

Hierbei kann natürlich auch eine Küchenmaschine mit Hitzefunktion verwendet werden. Nachdem die Temperatur erreicht ist, wird die Schüssel vom Wasserbad herunter genommen und die Eiermasse mit dem Schneebesen des Handrührgeräts oder der Küchenmaschine bei mittelhoher Stufe kalt gerührt. Das kann bis zu 20 Minuten dauern. Die Eiermasse wird zu einem stabilen, feinporigen Schaum geschlagen, der dickflüssig ist.

Anschließend wird die gesiebte Mehl-Stärke-Mischung kurz und vorsichtig mit einem Schneebesen untergehoben. Hierbei ist wichtig, dass nicht gerührt wird, sondern nur untergehoben wird, damit die Masse nicht einfällt. Die Teiglockerung erfolgt nämlich nur durch den Lufteinschluss beim Aufschlagen der Eiermasse und es wird kein zusätzliches Backpulver verwendet.

Die Butter wird erhitzt und danach mit 6 Esslöffeln der Masse verrührt, anschließend wird die Buttermasse vorsichtig unter die Wiener Masse gezogen. Das vorherige Vermischen der Butter mit der Masse bewirkt, dass die Butter sich besser in der Masse verteilen kann und man nicht so lange unterheben muss.

Tipp ♡

Die Eier-Zucker-Masse wird zuerst erwärmt und dann kalt geschlagen, wodurch sie stabil und der Wiener Boden locker wird. Das Mehl und die Butter dürfen nur kurz vorsichtig untergehoben werden, damit das Volumen nicht zerstört wird. Die Wiener Masse backt in einem Backring perfekt durch und wird gleichmäßig hoch. Auch in einem eckigen Backrahmen lässt sie sich gut backen und beispielsweise für Petit Fours weiterverarbeiten.

Zutaten

HELLE WIENER MASSE
(26 CM):
7 Eier
240 g Zucker
1 Prise Salz
½ TL Vanilleextrakt oder Abrieb
von 1 unbehandelten Zitrone
200 g Mehl
50 g Stärke
60 g zerlassene Butter

DUNKLE WIENER MASSE
(26 CM):
7 Eier
240 g Zucker
1 Prise Salz
½ TL Vanilleextrakt
oder 1 Prise Zimt
150 g Mehl
50 g Kakao
50 g Stärke
60 g zerlassene Butter

1. Stelle deinen Backring auf 26 cm ein und stelle ihn auf ein mit Backfolie belegtes Backblech. Heize den Ofen auf 180°C O/U vor.

2. Verrühre die Eier mit Zucker, Salz und dem Vanilleextrakt, Zitronenschalenabrieb oder Zimt in einer Metallschüssel. Stelle die Schüssel über ein heißes Wasserbad und erwärme die Eiermasse unter Rühren etwa 4 Minuten. Sie wird 45°C warm. Nimm die Schüssel vom Wasserbad herunter und schlage die Eiermasse mit dem Schneebesen der Küchenmaschine oder dem Handrührgerät in etwa 20 Minuten kalt, so dass ein stabiler, feinporiger Schaum entsteht.

3. Vermische das Mehl mit der Stärke und eventuell Kakao und siebe die Zutaten. Hebe sie vorsichtig mit einem Schneebesen unter den Teig.

4. Erhitze die Butter und verrühre etwa 6 Esslöffel der Masse mit der heißen Butter. Hebe die Buttermasse nun vorsichtig unter die Wiener Masse.

5. Füll den Teig in die Backform ein und backe ihn bei 180°C O/U für 10 Minuten und stell den Ofen dann herunter auf 160°C und backe ihn weitere 25-30 Minuten.

6. Lass den Kuchen 10 Minuten in der Form abkühlen und stürze ihn dann auf ein sauberes Geschirrtuch und lass ihn komplett abkühlen.

7. Entferne den Backring mit einem Tortenringmesser, packe den Teig ein und schneide ihn am nächsten Tag erst mit einer Tortensäge durch.

Brandmasse

Brandteig

Brandteig bereite ich schon seit meiner Kindheit zu. Meine Schwester hat zu unseren Familienfesten immer ihre berühmten Windbeutel und Schwäne aus Brandteig gebacken und mir ihre Tipps weiter gegeben. Deswegen hatte ich von Anfang an nie Angst vor der Zubereitung des Teiges. Viele trauen sich allerdings nicht an den Teig heran, dabei ist die Zubereitung einfach, sofern man ein paar Tipps beachtet.

Der Brandteig geht im Ofen stark auf, weshalb er sehr ergiebig ist und die kleinen Gebäcke im Französischen deshalb auch „Profiteroles" – auf deutsch „kleine Profite" genannt werden.
Klassische Gebäcke aus Brandteig sind Windbeutel, Eclairs, Spritzkuchen oder auch Churros.

Brandmasse schmeckt geschmacksneutral und hat einen hohen Ei-Anteil. Beim Backen entwickeln sich große Hohlräume im Innern, weshalb sie gut pikant oder süß gefüllt werden können.

Gebäck aus Brandteig wird zweimal gegart, da der Teig bei der Zubereitung im Topf abgebrannt und anschließend im Ofen gebacken wird.

 Zubereitungszeit: 20 Min.

Tipp ♡

Der Belag auf dem Topfboden lässt sich ganz einfach nach dem Aushärten heraus brechen und der Topf so reinigen.

Für den Teig wird Wasser oder Milch mit Butter und Salz in einem Topf zum Kochen gebracht.

Das Mehl wird in einem Schwung dazugegeben und die Masse im Topf so lange gerührt, bis sie sich zu einem Kloß zusammenballt und am Boden ein weißer Belag entsteht. Diesen Vorgang nennt man „Abbrennen". Der abgebrannte Teig muss dann umgefüllt werden. Hierbei rühre ich ihn gerne noch ein wenig um, damit er etwas abkühlt.

Das erste Ei wird dann sofort mit einem Backlöffel oder den Knethaken des Handrührgeräts oder der Küchenmaschine eingerührt. Hierbei hat man das Gefühl, das Ei würde sich niemals mit der Masse verbinden. Je länger man aber rührt, umso besser verbindet sich das Ei mit der Masse. Nun wird jedes Ei nach dem anderen eingerührt.

Es werden nur noch so viele Eier eingerührt, bis der Teig glänzt und beim Herausziehen des Backlöffels lange Spitzen entstehen.

Die fertige Brandmasse kann anschließend mit einer Palette auf eine Backfolie gestrichen oder mit einem Spritzbeutel aufgespritzt werden.

Das ungefüllte Gebäck kann problemlos eingefroren und bei Bedarf aufgetaut werden. Damit es wieder frisch wird, wird es im Ofen bei 200°C für etwa 5 Minuten aufgebacken.

BRANDMASSE:

60 g Butter

250 ml Wasser

1 Prise Salz

200 g Mehl

3-4 Eier

Zubereitung

1. Heize den Ofen auf 200°C O/U vor.
Gib das Wasser mit Butter und Salz in einen kleinen
Topf und lass es aufkochen. Schütte das Mehl auf
einmal hinzu.

2. Rühre kräftig mit einem Backlöffel, bis sich der
Teig zu einem Klumpen verbindet. Rühre so lange,
bis sich eine weiße Schicht am Topfboden bildet.

3. Fülle den Teig in eine größere Schüssel um,
rühre ihn 1 Minute um, damit er leicht abkühlt.

4. Rühre ein Ei nach dem anderen ein.
Der Teig muss glänzen und lange Spitzen ziehen.

5. Fülle den Teig in einen Spritzbeutel und spritze
Windbeutel oder lange Stränge auf eine Backfolie,
um Eclairs herzustellen. Oder streiche den Teig mit
einer Palette auf die Backfolie, um einen Tortenboden zu backen. Bestreiche den Brandteig vor dem
Backen mit reichlich Wasser und backe ihn für etwa
20 Minuten, bis er goldbraun ist.

Lass das Gebäck vollständig erkalten und verwende
es nach Belieben weiter. Ein Rezeptbeispiel findest
du auf S. 197.

Rührmasse

Rührteig

Fast jeder, der backt, hat schon eine Rührmasse – oder Rührteig, wie man umgangssprachlich sagt – hergestellt. Egal ob Marmorkuchen, Obstkuchen, Muffins oder Blechkuchen: Viele Kuchen werden auf Basis einer Rührmasse hergestellt. Für das Gelingen des Teiges ist die Temperatur der Zutaten maßgeblich. Diese sollten zimmerwarm sein, damit sie sich zu einem gleichmäßigen, schaumigen Teig verbinden können, aus dem ein luftiges Gebäck entsteht.

Profis unterscheiden zwischen einer schweren und leichten Rührmasse. Je höher der Fettanteil ist, umso „schwerer" gilt der Teig. Hierbei wiegen die Hauptzutaten im Rezept, nämlich Eier, Zucker, Fett und Mehl etwa gleich viel. Die Masse wird daher auch oft als „Gleichschwermasse" bezeichnet. Der Vorteil hierbei ist, dass man immer einen perfekten Rührteig zubereiten kann, auch wenn man mal kein Rezept zur Hand hat. Aus schweren Rührteigen werden beispielsweise Sandkuchen, Eierlikörkuchen, Baumkuchen oder auch Nusskuchen zubereitet, die lange haltbar, saftig und lecker sind. Bei der leichten Rührmasse ist der Anteil an Fett und Zucker geringer als Mehl und Eier. Aus dieser Masse werden Obst- oder auch Marmorkuchen gebacken.

 Zubereitungszeit: 15 Min.

Die Rührmasse besteht hauptsächlich aus Eiern, Fett, Zucker, Flüssigkeit, Mehl und Stärke. Im Vergleich zu anderen Teigen, wie beispielsweise der Biskuit- oder Wienermasse hat die Rührmasse einen höheren Fettanteil und lässt sich leichter aufschlagen. Das Auflockern des Teiges erfolgt entweder rein physikalisch durch das schaumig Schlagen von Eiern und Butter, oder aber auch chemisch durch die Zugabe von Backpulver. Bei Rührteigen verwende ich gerne Butter und nicht Margarine, da Butter einen leckeren Eigengeschmack hat.

Damit der Teig ausreichend gelockert wird, müssen Eier, Zucker und Butter schaumig geschlagen werden.

Das geht nur, wenn die Zutaten annähernd die gleiche Temperatur haben. Daher sollte man die Eier und die Butter bereits 3-4 Stunden vor der Verwendung aus dem Kühlschrank nehmen, damit sie zimmerwarm werden.
Wird ein Teil des Mehls durch Stärke ersetzt, wird die Krume des Gebäcks, also das Innere, feinporig, locker, zart, aber auch etwas trocken, wie beispielsweise bei einem Sandkuchen gewünscht ist.

Wird ausschließlich Mehl verwendet oder nur ein geringer Anteil an Stärke, wie beispielsweise bei Marmorkuchen, wird die Krume grobporig und fest. Auch Vollkornmehl kann im Rührteig verwendet werden, das Gebäck wird dann etwas kerniger. Rührteige können nach Belieben mit Kakao, getrockneten Früchten, Zitronenschalenabrieb oder Rum geschmacklich optimiert werden.

Tipp ♡

Alle Zutaten müssen die gleiche
Temperatur haben, damit sich der
Teig gut verbindet. Am besten
lässt sich der Teig aufschlagen,
wenn die Zutaten zimmerwarm
sind. Je nachdem welchen Kuchen
man backen möchte, wählt man
ein anderes Mengenverhältnis der
Zutaten. Für die Zubereitung
sollte ein Handrührgerät mit den
Schneebesen oder eine Küchenmaschine mit einem Flach- oder
Flexirührer verwendet werden.
Für die Herstellung des Rühr-
Ölteigs wird der Schneebesen des
Handrührgeräts oder der Küchenmaschine verwendet.

Leichter Rührteig

FÜR EINEN MARMORKUCHEN

LEICHTER RÜHRTEIG

250 g weiche Butter

225 g Zucker

1 Prise Salz

½ TL Vanilleextrakt

4-5 Eier (ca. 220 g)

400 g Mehl

100 g Stärke

3 TL Backpulver

120 ml Milch

FÜR DEN MARMORKUCHEN:

3 EL Kakaopulver

1 EL Milch oder Rum

1. Rühre die Butter mit dem Zucker, Salz und Vanilleextrakt in 4-5 Minuten mit den Schneebesen des Handrührgeräts oder dem Flexirührer der Küchenmaschine schaumig. Rühre nun jedes Ei einzeln etwa 1 Minute ein.

2. Verrühre Mehl, Stärke und Backpulver und siebe die Zutaten. Rühre das Mehlgemisch abwechselnd mit der Milch in den Teig ein und verrühre ihn kurz. Je nach Rezept wird der Teig nun in eine Backform eingefüllt und gebacken.

3. Soll ein Marmorkuchen entstehen, werden zwei Drittel des Teiges in eine gefettete und bemehlte Backform gefüllt und glatt verstrichen. Das restliche Drittel des Teiges wird mit dem Kakaopulver und Rum (oder Milch) verrührt und auf den hellen Teig gestrichen.

4. Mit einer Gabel wird der Teig marmoriert und im vorgeheizten Ofen bei 180°C O/U etwa 60 Minuten gebacken.

Schwerer Rührteig

FÜR EINEN SANDKUCHEN

SCHWERER RÜHRTEIG

200 g Butter

6 Eier (300 g)

200 g Zucker

1 Prise Salz

½ TL Vanilleextrakt

Abrieb von ½ unbehandelten Zitrone

180 g Mehl

120 g Stärke

½ TL Backpulver

1. Schmilz die Butter in einem Topf. Verrühre die Eier mit dem Zucker, Salz, Vanilleextrakt und dem Zitronenschalenabrieb in 4-5 Minuten mit den Schneebesen des Handrührgeräts oder der Küchenmaschine schaumig.

2. Verrühre das Mehl mit der Stärke und dem Backpulver, siebe es und hebe es vorsichtig mit einem Schneebesen unter den Teig. Hebe die flüssige Butter unter und fülle den Teig in die Backform.

3. Soll ein Sandkuchen gebacken werden, dann fülle den Teig in eine gefettete und bemehlte Kastenform und backe den Teig im vorgeheizten Ofen bei 190°C O/U für etwa 15 Minuten vor.

4. Schneide die Teigoberfläche mittig etwa 2 cm tief ein, damit der Kuchen nicht reißt und backe ihn weitere 45 Minuten.

Tipp ♡

Wenn du spontan einen Rührteig herstellen möchtest und nicht darauf warten kannst, dass die Zutaten zimmerwarm werden, dann kannst du die kalte Butter mit einer Küchenreibe fein reiben, damit sie schneller warm wird.

Die Eier kannst du in warmes Wasser legen und somit hast du innerhalb weniger Minuten zimmerwarme Zutaten, die sich bestens weiterverarbeiten lassen.

Info

Die Butter-Zucker-Ei-Masse ist sehr temperaturempfindlich. Sobald die Zutaten nicht exakt dieselbe Temperatur haben, gerinnt sie und sieht flockig aus.

Du kannst die Masse retten, indem du sie in ein etwa 35°C warmes, aber nicht heißes Wasserbad stellst und mit einem Handrührgerät oder einer Küchenmaschine mit Hitzefunktion weiter rührst. Die Butter wird warm und schmilzt und lässt sich so wieder homogen mit den Eiern vermischen.

Tipp 🖤

Mit der gewählten Flüssigkeit kannst du die Konsistenz, Farbe und den Geschmack des Teiges beeinflussen. Alkoholische Flüssigkeiten wie Eierlikör oder Rum veredeln den Teig geschmacklich. Der Alkohol verschwindet beim Backen aber nicht ganz, weshalb man darauf verzichten sollte, wenn Kinder mitessen. Kaffee gibt einem Teig einen kräftigen Geschmack, ohne dass der Kaffeegeschmack

Rühr-Ölteig

MEIN LIEBLINGSTEIG

RÜHR-ÖLTEIG

6 Eier

300 g Zucker

½ TL Vanilleextrakt

1 Prise Salz

300 ml Flüssigkeit (Buttermilch, Milch, Saft, Likör, Kaffee, etc.)

300 ml Sonnenblumenöl

450 g Mehl

1 Packung Backpulver

1. Heize den Ofen auf 170°C O/U vor und stelle einen Backring auf 26 cm ein und schlage ihn mit Backpapier ein oder stelle ihn auf ein mit Backfolie belegtes Blech.

2. Verrühre die Eier mit dem Zucker, Vanilleextrakt und Salz in etwa 4-5 Minuten mit den Schneebesen des Handrührgeräts oder der Küchenmaschine zu einer weißschaumigen Masse. Rühre die Flüssigkeit und das Öl vorsichtig ein.

3. Verrühre das Mehl mit dem Backpulver und siebe es. Hebe es vorsichtig mit einem Schneebesen unter und fülle den Teig in eine Backform.

4. Streiche den Teig am Rand nach oben. Backe den Teig für etwa 40 Minuten. Diese Menge kannst du auch auf zwei 20 cm Formen aufteilen.

Ein Rezeptbeispiel findest du auf S. 173.

Mürbeteig

Knetteig

Mürbeteig kann auf verschiedene Arten hergestellt werden, je nachdem, ob er ausgerollt, gespritzt wird oder für Streusel verwendet wird. Ganz wichtig ist bei der Zubereitung nur, dass er schnell verarbeitet wird und dass zum Verarbeiten kalte Zutaten verwendet werden. Der Name sagt bereits einiges über die Eigenschaften des Gebäcks aus. Mürbeteiggebäck sollte mürbe aus dem Ofen kommen, aber hierbei dennoch zart und fein sein und nicht hart und brüchig. Die zarte, mürbe Eigenschaft erhält der Teig durch den hohen Fettgehalt.

Es werden drei Grundzutaten verwendet: Mehl, Butter und Zucker. Den Teig kann man sich sehr gut merken, da er auch „1-2-3-Teig" genannt wird und somit aus einem Teil Zucker, zwei Teilen Butter und drei Teilen Mehl besteht. Zusätzlich können noch Eigelb, Ei, Salz, Vanilleextrakt, Zitronenschalenabrieb, Kakao oder andere Aromen den Teig geschmacklich ergänzen. Süßer Mürbeteig ist der einzige Teig, der ohne zusätzliche Flüssigkeit auskommt. Deswegen kann man Gebäck aus süßem Mürbeteig problemlos aufbewahren, wie beispielsweise die Plätzchen in der Weihnachtszeit. Der Mürbeteig eignet sich hervorragend zum Herstellen von Tartes.

 Zubereitungszeit: 10 Min.  Wartezeit: 120 Min.

Die Zubereitung des Mürbeteigs kann auf verschiedene Arten erfolgen. Der Mürbeteig kann gehackt, geknetet oder gerührt werden. Beim gehackten Mürbeteig, auch Hackteig genannt, werden die Butter und der Zucker vermischt und mithilfe eines großen Messers, eines Teig-Zerhackers oder den Mixmessern einer Küchenmaschine zerhackt. Das Mehl wird ganz schnell mitverarbeitet und die so entstandenen Streusel werden mit den Händen rasch zu einem Teig verknetet.

Hierbei wird der Teig nur kurz mit den Händen verknetet. Ein zu langes Kneten würde bewirken, dass der Teig brandig wird. Hierbei würde das Fett durch die Handwärme schmelzen und sich vom Mehl trennen, der Teig verliert also seine Bindung und wird brüchig. Der Teig würde hart werden, statt mürbe.

Eine weitere Zubereitung des Mürbeteiges ist das Rühren mit den Knethaken des Handrührgeräts oder dem Flachrührer der Küchenmaschine. Hierbei werden Butter, Zucker und Mehl zu einer homogenen Masse verbunden.

Diese Art der Zubereitung wird dann gewählt, wenn ein anderes Mengenverhältnis der Zutaten verwendet wird und weniger Mehl in den Teig eingearbeitet wird. Der entstandene Teig ist weicher und eignet sich hervorragend zum Spritzen von Spritzgebäck oder beispielsweise einer Linzertorte.

Wird der Mürbeteig ohne Zugabe von Ei hergestellt, wird das Gebäck sehr mürbe. Für die Bindung und ein leichtes Ausrollen kann Ei oder Eigelb hinzugefügt werden. Durch die Zugabe von Eiweiß wird der Teig härter, deswegen bevorzuge ich die Zugabe von Eigelb.

Tipp ♡

Die Zutaten müssen alle ganz kalt sein. Das richtige Verhältnis der Zutaten, also das 1-2-3-Verhältnis lässt das Gebäck zart und mürbe werden. Mürbeteig muss nach der Zubereitung im Kühlschrank ruhen, damit sich der darin enthaltende Zucker auflöst und der Teig beim Backen seine Form behält und gleichmäßig gebräunt wird.

Zutaten

GEHACKTER MÜRBETEIG:

80 g kalte Butter

160 g Zucker

1 Prise Salz

½ TL Vanilleextrakt

1 Eigelb

240 g Mehl

bei Bedarf 1 EL kalte Milch

STREUSEL:

200 g Mehl

100 g kalte Butter

100 g Zucker

1 Prise Salz

nach Belieben gemahlener Zimt

SCHOKOLADEN-MÜRBETEIG:

80 g kalte Butter

160 g Zucker

1 Prise Salz

½ TL Vanilleextrakt

1 Eigelb

200 g Mehl

40 g Kakao

bei Bedarf 1 EL kalte Milch

Zubereitung

1. Zerhacke die kalte Butter mit Zucker, Salz und Vanilleextrakt mit einem großen Messer, den Mixmessern einer Küchenmaschine oder einem Teig-Zerhacker. Füge das Eigelb hinzu und zerhacke es kurz. Füge das Mehl hinzu und hacke es kurz in den Teig hinein. Verbinde die entstandenen Teigkrümel schnell mit den Händen zu einem Mürbeteig. Forme eine Kugel daraus, drücke sie flach und stelle sie eingepackt für mindestens 2 Stunden kühl.

2. Verwende den Mürbeteig für eine Tarte: Rolle den Teig auf einer leicht bemehlten Arbeitsfläche etwa 4-5 cm größer als die Tarteform aus. Wird ein Silikonausrollstab und eine Silikonmatte ver-

wendet, benötigt man fast kein zusätzliches Mehl. Der Teig lässt sich mithilfe von zwei Teighölzern gleichmäßig dick ausrollen. Fette die Tarteform und bemehle sie leicht.

3. Lege die ausgerollte Teigplatte über den Ausrollstab und rolle ihn auf der Tarteform wieder ab.

4. Drücke den Teig mit den Händen vorsichtig in die Form hinein.

5. Schneide die Überschüsse mit einer Palette oder einem Messer weg. Aus den Teigresten kannst du Kekse backen.

BLINDBACKEN

6. Damit der Teig mürbe wird und durch den Belag nicht so schnell aufweicht, wird er vorgebacken. Stich den Teig mit einer Gabel mehrmals ein, damit er beim Backen flach bleibt. Der Teig kann auch blind gebacken werden, das heißt du legst ein Stück Backpapier auf den rohen Teig und befüllst ihn mit Hülsenfrüchten (zum Beispiel getrocknete Bohnen). Diese werden nach dem Vorbacken mit dem Backpapier entfernt.

7. Ich persönlich bevorzuge das Backen ohne Backpapier und Hülsenfrüchte. Wenn der Teig beim Backen leicht aufgeht, drücke ich ihn nach dem Backen mit einem flachen Glas wieder flach. So spare ich mir die Arbeit mit den Hülsenfrüchten und dem Backpapier. Rezeptideen findest du auf S. 193.

STREUSEL

8. Für Streusel werden die Zutaten des Mürbeteigs rasch mit den Händen verrieben oder mit einem Teig-Zerhacker verbunden. Die Streusel sollten vor der Verwendung mindestens 1 Stunde gekühlt werden. Auf S. 343 findest du eine Rezeptidee.

Biskuitmasse

Biskuitteig

Die luftige Biskuitmasse wird oft für leichte Biskuitrollen, Torten oder Obstkuchen verwendet.
Sie ist schnell hergestellt und sollte aber auch frisch verzehrt werden, da sie schnell austrocknet.
Die Masse ist reich an Ei und enthält wenig Mehl oder Stärke, wodurch sie auch ihre Luftigkeit bekommt.
Die Biskuitmasse kommt ohne zusätzliches Fett aus.

Die Hauptzutaten sind Eier, Zucker und Mehl, welches teilweise durch Stärke ersetzt werden kann, um die Masse
noch feinporiger und kompakter zu gestalten. Im Prinzip muss man sich nur das Verhältnis der Zutaten zueinander
merken: 4 Teile Ei, 2 Teile Zucker und 2 Teile Mehl oder Mehl-Stärke. Durch verschiedene Aromen wie Vanilleextrakt
oder Zitronenschalenabrieb kann man die Biskuitmasse geschmacklich verfeinern.

Die Zubereitung kann entweder im Einkessel- oder Zweikesselverfahren erfolgen.
Je nachdem wofür ich die Masse verwende, trenne ich die Eier oder schlage die ganzen
Eier mit dem Zucker schaumig.

 Zubereitungszeit: 15 Min.

Die Biskuitmasse kommt komplett ohne Backpulver aus. Für die Luftigkeit im Teig sorgt das Eiweiß, welches entweder getrennt oder mit dem Eigelb zusammen aufgeschlagen wird. Daher ist es unbedingt notwendig, dass die Eiermasse ausreichend aufgeschlagen wird.

Werden Eiweiß und Eigelb getrennt voneinander aufgeschlagen, so spricht man von der Zweikessel-Methode, weil zwei Rührschüsseln, also Kessel, dafür verwendet werden. Bei dieser Methode gelangt noch mehr Volumen in die Masse, die dadurch ergiebiger wird.
Hierbei werden die Eier getrennt und das Eiweiß mit Salz und Zucker aufgeschlagen. Der Zucker hilft im Eischnee dabei, dass dieser nicht flockig wird und sich anschließend mit den restlichen Zutaten gut verbindet. Das Eigelb wird mit dem restlichen Zucker schaumig gerührt.

Anschließend wird das Mehl untergehoben und der Eischnee untergezogen. Möchte man ein sehr feinporiges Ergebnis haben, kann man das Eigelb mit edem Zucker vorher über dem heißen Wasserbad erwärmen und dann kalt schlagen.

Bei der Einkessel-Methode werden die ganzen Eier mit dem Zucker über einem heißen Wasserbad auf 45°C erwärmt und anschließend kalt aufgeschlagen. Dies gibt der Schaummmasse eine Stabilität. In vielen Rezepten ist es üblich, dass heißes Wasser oder Kaffee zum Erwärmen der Eiermasse verwendet wird. Auch dies ist möglich, bietet aber nicht ganz so viel Stabilität wie das Erwärmen über dem Wasserbad.

Ich persönlich wähle beim Biskuit lieber die Zweikessel-Methode, weil dadurch mehr Volumen in die Masse eingerührt wird.

Zubereitung

1. Heize den Ofen auf 200°C O/U vor.
Rühre das Eiweiß mit dem Salz steif. Füge den
Zucker langsam hinzu und rühre weitere 2 Minuten,
bis sich der Zucker etwas aufgelöst hat.

2. Das Eigelb mit dem Zucker und Vanilleextrakt oder dem Zitronenschalenabrieb für etwa
5 Minuten, gerne über dem heißen Wasserbad, bis
die Masse cremig ist. Nimm sie vom Wasserbad
herunter und rühre sie kalt. Siebe das Mehl hinein
und hebe es vorsichtig unter. Hebe zuerst die Hälfte
des Eischnees mit einem Schneebesen unter und
hebe dann den Rest vorsichtig unter.

3. Fülle die Masse in einen Backring oder streich
ihn in einen eckigen Backrahmen.

Zutaten

BISKUITMASSE

8 Eiweiß (ca. 240 g)

1 Prise Salz

120 g Zucker

8 Eigelb (ca. 160 g)

60 g Zucker

½ TL Vanilleextrakt oder Abrieb
von 1 unbehandelten Zitrone

190 g Mehl

Tipp

Möchtest du die Masse im Backrahmen backen und daraus eine
Biskuitrolle zubereiten, dann verwende nur die Hälfte der Zutaten
und backe den Teig für etwa
10 Minuten. Stürze die Biskuitplatte
anschließend auf ein sauberes, mit
Zucker bestreutes Geschirrtuch,
rolle sie auf und lasse die Biskuitrolle
abkühlen.

Möchtest du die Masse in einem
runden Backring backen, dann fülle
sie hinein und backe sie für etwa
25-30 Minuten. Lass ihn 5 Minuten
abkühlen, damit die Krume fest wird
und stürze den Biskuit dann auf ein
sauberes Geschirrtuch. Lass ihn
komplett abkühlen und entferne den
Backring mit einem Tortenringmesser.

Tipp

Für ein leichtes und lockeres Gebäck
empfehle ich die Zweikessel-
Methode, bei der Eiweiß und Eigelb
getrennt voneinander schaumig
gerührt werden. Um ein feinporiges Gebäck zu erhalten, empfehle
ich die Eigelbmasse über einem
heißen Wasserbad zu erhitzen und
dann kalt zu schlagen. Die Biskuitmasse muss sofort nach der Herstellung in den heißen Backofen, damit
die Masse nicht zusammenfällt.

Pie-Teig

Pasteten-Teig

Wer in die USA reist, sollte unbedingt einen originalen Apple- oder Blueberry-Pie –
auf deutsch Apfel- oder Blaubeerpastete essen.

Die Ursprünge hat der Pie aber nicht wie erwartet in den USA, sondern im alten Ägypten. Die ersten Pies
wurden von den Römern gebacken, Urspünglich sollte der Pie-Teig nur dazu dienen, um die saftige Füllung
aufzubewahren. Das heißt die Kruste wurde nicht mitgegessen und war deswegen geschmacksneutral, salzig
und nicht süß. In England kam das Gebäck im 12. Jahrhundert an. Dort wurden überwiegend Fleischpasteten
zubereitet. Häufig wurde Geflügel verwendet, wobei die Knochen über die Pastetenform hinaus reichten
und oft als Griffe verwendet wurden.

Die ersten Pasteten mit Obst und Früchten wurden im 16. Jahrhundert gebacken. Traditionell wurde in England
eine Kirsch-Pastete (Cherry Pie) für die Königin Elizabeth I. zubereitet. Die ersten englischen Siedler brachten
den Pie dann schlussendlich nach Amerika und über die Jahre wurde es zum Nationaldessert der Amerikaner.
Der Pie ist mittlerweile so typisch für Amerika, dass man sogar sagen kann: „As American as apple pie"
(„so amerikanisch wie eine Apfelpastete").

 Zubereitungszeit: 10 Min. Wartezeit: 120 Min.

Zutaten

PIE-TEIG
450 g Mehl

1 TL Zucker

1 TL Salz

3 TL Öl (Kokosöl)

225 g eiskalte Butter

60 ml eiskaltes Wasser

2 TL Essig oder Zitronensaft

BACKFORM:
20 cm Pie-Form

oder 20 cm Tarte-Form

Der Pie-Teig ist ähnlich zum Mürbteig ein Teig, der kalt zubereitet wird. Anders als beim Mürbteig wird dieser nicht süß, sondern eher salzig zubereitet und im Anschluss süß befüllt. Bei der Füllung darf man daher nicht zu sparsam mit dem Zucker sein, damit der Pie genügend Süße bekommt. Die Zuckermenge wird je nach Obst und eigenem Belieben individuell bemessen. Der Pie hat nach dem Backen eine sehr knusprige Außenhülle und eine üppige, feuchte Füllung. Am besten serviert man ihn noch heiß mit einem Löffel, damit man die komplette saftige Füllung servieren kann.

Wichtig für das Gelingen ist vor allem, dass die Zutaten sehr kalt sind und der Teig ganz schnell und kurz zubereitet wird, damit er seine knusprigen Eigenschaften nicht verliert. Er benötigt ausreichend Ruhezeit im Kühlschrank damit er elastisch wird und kann dann einfach ausgerollt werden, ohne dass er reißt und bricht.

Den Teig kann man hervorragend vorbereiten und eingepackt mehrere Monate im Gefrierschrank lagern. So hat man immer Teig auf Vorrat und kann ihn im Kühlschrank auftauen lassen.

Die Teigmenge reicht für einen abgedeckten Pie aus, der in einer 20 cm Pastetenform gebacken wird. Wird die Pastete ohne Teigdeckel gebacken, reicht die Menge für zwei aus.

Tipp ♡

Die Butter und das Wasser müssen sehr kalt sein. Friere die Butter am besten für 30 Minuten ein, bevor du sie verwendest. Ich verwende außerdem am liebsten Wasser mit Eiswürfeln. Verwende nach Möglichkeit einen Multizerkleinerer mit Mixmessern, weil du damit den Teig am schnellsten zubereiten kannst, ohne dass er warm wird. Alternativ geht natürlich auch ein Handrührgerät oder eine Küchenmaschine mit Knethaken oder du verknetest den Teig schnell mit deinen Händen.

97

Zubereitung

1. Vermische das Mehl mit dem Zucker und dem Salz. Füge das Kokosöl hinzu und verknete die Zutaten so lange, bis das Mehl krümelig wird.

2. Füge die Butter in kleinen Stücken hinzu und lass die Küchenmaschine oder das Handrührgerät jetzt nur noch pulsieren, damit der Teig nicht warm wird. Die Mixmesser oder die Knethaken laufen dann immer nur kurz für 2-3 Sekunden und hören dann wieder auf. Die Butter darf noch in kleinen Stücken zu sehen sein.

3. Füge nun das eiskalte Wasser und den Essig oder den Zitronensaft hinzu und pulsiere erneut 4-5 Mal, bis kleine, zusammenhängende Teigstücke zu sehen sind.

4. Leere den Teig auf eine Arbeitsfläche und knete ihn schnell mit den Händen zusammen. Forme ihn zu einer Kugel und drücke sie flach. Packe den Teig ein und stelle ihn für mindestens 2 Stunden in den Kühlschrank.

5. Hole den Teig etwa 30 Minuten vor dem Ausrollen aus dem Kühlschrank heraus. Knete den Teig
kurz durch und rolle ihn auf einer bemehlten
Arbeitsfläche aus.

6. Kleide die gefettete und bemehlte Pastetenform
mit dem Teig ein.

7. Je nach Rezept wird der Pie nun befüllt und
gebacken. Der ungebackene Pie kann einen Tag im
Kühlschrank gelagert und kurz vor dem Servieren
gebacken werden. So kannst du ihn noch warm
servieren.

Zwei Rezeptideen findest du
auf S. 371 und S. 375.

Baisermasse

Meringue

Baiser, oftmals auch Meringue genannt, ist ein Schaumgebäck aus gezuckertem Eischnee.
Dieser wird bei 100°C im Ofen getrocknet und bleibt im Idealfall weiß oder wird nur hellgelb. Für Torten wird der Baiser oftmals nur abgeflämmt und die Masse bleibt daher eher weich und ist an der Oberfläche gebräunt.
Baisermasse ist locker und zergeht auf der Zunge. Man könnte fast meinen man würde süße Wolken essen.
Die Baisermasse kann für kleine Baisers, eine mit Früchten belegte Pavlova-Torte oder als Topping für eine Torte verwendet werden, welches anschließend mit einem Gasbrenner flambiert wird.

Im Prinzip enthält eine Baisermasse nur Eiweiß und Zucker. Die Art der Herstellung kann variieren und so gibt es Baisermassen, die kalt oder warm aufgeschlagen werden. Unter kalt aufgeschlagene Baisermassen hebt man gerne Stärke, aus diesen werden Baiserschalen, -böden oder -figuren gespritzt, die im Ofen gut austrocknen. Warm aufgeschlagene Baisermassen sind stabiler, cremiger und feinporiger.
Diese werden oft als Topping für Torten verwendet, die flambiert werden.

 Zubereitungszeit: 20 Min.

Die Basis für Baisermasse ist Eischnee. Grundvoraussetzung für Eischnee ist ein sauberes Eiweiß und fettfreies Werkzeug. Das Eiweiß muss vom Eigelb ohne Rückstände getrennt werden. Das im Eigelb enthaltene Fett verhindert, dass der Eischnee fest wird. Wenn aber der Eischnee bereits steif geschlagen wurde, können bedenkenlos fettreiche Zutaten wie Eigelb oder auch Nüsse untergehoben werden.

Eiweiß lässt sich am besten aufschlagen, wenn eine Prise Salz oder ein Spritzer Zitronensaft zugefügt wird. Diese Zutaten sorgen dafür, dass sich der Eischnee schneller aufschlagen lässt und länger stabil bleibt. Eischnee ist ein wichtiger Helfer beim Backen, wenn es darum geht, Kuchen und Torten zu lockern.

Eiweiß wird am besten mit einem Schneebesen zu einem stabilen und feinporigen Schnee geschlagen. Hierbei wird Luft eingearbeitet, die in den Poren festgehalten wird und das Gebäck locker macht und es aufgehen lässt.

Je länger die Eiweißmasse geschlagen wird, umso kleiner sind die Luftkammern im fertigen Eischnee und umso besser kann das Gebäck aufgehen. Am stabilsten wird der Eischnee, wenn frische Eier verwendet werden.

Zucker wirkt im Eischnee ebenfalls stabilisierend. Je mehr Zucker die Baisermasse enthält, desto kompakter wird sie. Hierbei sollte man bedenken, dass pro Eiweiß maximal 50 g Zucker aufgelöst werden können, wobei ein Eiweiß dder Gewichtsklasse M mit etwa 30 g Eiweiß beachtet wird.

Viele verwenden feinen Zucker für den Eischnee, weil dieser sich schneller auflöst. Hierbei sollte man aber beachten, dass der Eischnee stabiler wird, je länger er geschlagen wird. Also verwende ich gerne normalen, groben Haushaltszucker, den ich sofort nach dem Steifschlagen des Eiweißes dazu gebe, damit der Zucker lange genug gerührt wird, damit der Eischnee nicht flockig wird und sich gut mit anderen Teigen verbindet.

Möchte man kleine Baisers, Baiserplatten, -schalen oder -figuren herstellen, sollte man einen Spritzbeutel mit einer Tülle nach Wahl verwenden, um das Baiser dekorativ zu spritzen. Auch mit dem Löffel oder einfachen Werkzeugen kann das Baiser dekoriert werden.

Tipp ♡

Zum Schlagen immer sauberes Eiweiß ohne Fettrückstände verwenden und in einer fettfreien Schüssel verrühren. Je länger der Eischnee geschlagen wird, umso feinporiger und stabiler wird er.

Einfache Baisermasse

EINFACHE BAISERMASSE:

1 Eiweiß (30 g)

1 Prise Salz

50 g Zucker

¼ TL Stärke

nach Belieben Nüsse, Kakao, geriebene Schokolade, Gewürze, etc.

1. Gib das Eiweiß mit dem Salz in eine saubere, fettfreie Schüssel und schlag es mit einem sauberen Schneebesen der Küchenmaschine steif, beginne hierbei mit der niedrigsten Stufe und erhöhe langsam auf die höchste Stufe. Lass den Zucker langsam bei niedriger Stufe einrieseln und rühre dann bei höchster Stufe etwa 10-20 Minuten weiter, bis der Zucker sich aufgelöst hat und der Eischnee glänzend und feinporig ist. Wenn du den Schneebesen heraus nimmst, sollte eine Spitze stehen bleiben.

2. Mit den Fingern kannst du hierbei ganz einfach testen, ob sich der Zucker aufgelöst hat. Reibe dafür ein wenig Eischnee zwischen zwei Fingern. Ist er noch nicht vollständig aufgelöst, spürst du ihn zwischen den Fingern. Rühre weiter, bis er geschmolzen ist. Siebe die Stärke dazu und hebe sie vorsichtig mit einem Teigschaber unter.

3. Je nach Rezept wird der Eischnee nun weiter verarbeitet und im Ofen bei 100°C Umluft mehrere Stunden getrocknet. Lass hierbei einen Spalt im Ofen offen, indem du einen Kochlöffel zwischen die Tür klemmst, damit die Feuchtigkeit entweichen kann.

Schwere Baisermasse

SCHWERE BAISERMASSE:

1 Eiweiß (30 g)

1 Prise Salz

50 g Zucker

¼ TL Stärke

nach Belieben Nüsse, Kakao, geriebene Schokolade, Gewürze, etc.

Möchte man den Eischnee nicht im Ofen trocknen, sondern auf einer Torte nur mit einem Gasbrenner flambieren, sollte man das Eiweiß vorher erwärmen. Das hat den Vorteil, dass eventuelle Keime getötet werden und dass der Eischnee stabiler wird.

1. Verrühre das Eiweiß mit dem Salz und Zucker in einer Metallschüssel mit einem Schneebesen und stelle es über ein kochendes Wasserbad.

2. Erwärme es unter ständigem Rühren für etwa 10 Minuten, somit wird es etwa 80°C warm, der Zucker löst sich auf und es wird bereits leicht schaumig weiß. Nimm es vom Wasserbad herunter und schlage es mit dem Schneebesen der Küchenmaschine so lange, bis es abgekühlt und steif ist.

3. Streiche die stabile Baisermasse auf das Gebäck und flambiere es mit einem Gasbrenner. Hierbei soll nur die Oberfläche leicht gebräunt und karamellisiert werden. Das Innere soll feucht und der Baiserkern weich bleiben.

Grundrezepte meiner Lieblings-Cremes und Füllungen

Die Grundzutat vieler Cremes ist die Sahne.
Sie umhüllt Gebäckstücke oder verfeinert Cremes, um diese aufzulockern.
Um die Leichtigkeit in die Creme zu bekommen, muss Sahne vorher steif geschlagen werden.
Je höher der Fettgehalt der Sahne ist, umso besser lässt sie sich aufschlagen.
Egal ob leichte Sahnecreme, peppige Frischkäsecreme oder klassische Buttercreme
– für jede Torte und jeden Geschmack gibt es die perfekte Creme.

Bei Buttercremes sorgt die Butter für den cremigen Geschmack.
Buttercreme darf keinesfalls unterbewertet werden.
Sie kann sehr fruchtig, schokoladig und würzig schmecken.
Ich habe schon viele meiner Gäste mit Buttercremetorten überzeugen können,
die davor eher Buttercreme-Gegner waren.
Auf den folgenden Seiten stelle ich dir meine Favoriten vor.

Deutsche Buttercreme

Die deutsche Buttercreme ist wohl die bekannteste und beliebteste Buttercreme. Sie wird als Füllung für die Donauwelle, den Bienenstich oder auch den Frankfurter Kranz verwendet.

Es gibt in Deutschland drei bekannte Buttercremes, die ich persönlich sehr mag und die sich alle geschmacklich und in der Herstellung sehr unterscheiden. Die deutsche Buttercreme wird auf einer Pudding-Basis zubereitet, die anschließend mit Butter vermengt wird.

Sie ist relativ einfach herzustellen und bekömmlich, da sie im Gegensatz zu anderen Buttercremes weniger Fett enthält. Für die deutsche Buttercreme wird ein Teil Butter und bis zu zwei Teilen Konditorcreme (Pudding) verwendet.

 Zubereitungszeit: 20 Min.  Kühlzeit: 120 Min.

Zutaten

FÜR 1 TORTE MIT Ø 26 CM

500 ml Milch

90 g Zucker

1 TL Vanilleextrakt

1 Prise Salz

45 g Stärke

3 Eigelb (45 g)

320 g weiche Butter

Tipp ♡

Der Pudding und die Butter müssen die gleiche Temperatur haben, damit die Buttercreme beim Zusammenrühren nicht gerinnt. Der Pudding darf daher zum Abkühlen nicht in den Kühlschrank gestellt werden.

Zubereitung

1. Stelle zuerst den Pudding, also die Konditorcreme her.

2. Verrühre Milch, Zucker, Vanilleextrakt, Salz, Stärke und das Eigelb mit einem Schneebesen in einem Topf und stelle den Herd auf mittlere Stufe.

3. Rühre nun so lange, bis die Masse einmal aufgekocht ist. Zieh sie vom Herd herunter, streich sie durch ein feines Haarsieb und decke sie direkt an der Oberfläche mit Frischhaltefolie ab, damit sich keine Haut bildet. Lasse die Creme auf Zimmertemperatur abkühlen. Rühre die Konditorcreme mit einem Schneebesen des Handrührgeräts oder der Küchenmaschine cremig.

4. Rühre die zimmerwarme Butter in 4-5 Minuten weißcremig. Rühre die Konditorcreme löffelweise ein.

VARIATIONEN

Die Buttercreme kann auf vielfältige Art und Weise abgewandelt werden.

FRUCHTBUTTERCREME

Verwende statt der Milch Fruchtsaft. Hierbei kannst du auch Früchte pürieren und diese mit Saft auffüllen. Reduziere die Zuckermenge, falls der Saft süß ist.

SCHOKOLADENBUTTERCREME

Schmilz 100 g Zartbitterkuvertüre, hebe sie unter die Konditorcreme und rühre dann die entstandene Schokoladencreme in die Butter ein.

KAFFEEBUTTERCREME

Verwende statt der Milch Kaffee oder ersetze nur einen Teil der Milch durch Kaffee.

Französische Buttercreme

MEINE LIEBLINGSBUTTERCREME

Die französische Buttercreme wird aus ganzen Eiern, Zucker und Butter hergestellt. Da die Eier hierbei erwärmt werden, befindet sich am Ende kein rohes Ei in der Buttercreme. Die Creme schmeckt sehr aromatisch und lässt sich nach Belieben sehr einfach verfeinern.

🕐 Zubereitungszeit: 40 Min.

Zutaten

FÜR 1 TORTE MIT Ø 26 CM

3 Eier (165 g)
1 Prise Salz
105 g Zucker
225 g Butter

NACH BELIEBEN:
Vanilleextrakt
Zitronenschalenabrieb
Lemoncurd
Kuvertüre
Fruchtpüree
Nusspasten
Alkohol
Nougat
Gewürze

Zubereitung

1. Verrühre die Eier mit dem Salz und Zucker in einer Metallschüssel und stelle es über das kochende Wasserbad.

2. Erhitze die Eiermasse unter ständigem Rühren etwa 10 Minuten lang, so dass es 85°C warm wird.

3. Nimm die Metallschüssel dann vom Wasserbad herunter. Rühre die Eiermasse mit dem Schneebesen des Handrührgeräts oder der Küchenmaschine kalt.

4. Dieser Vorgang kann bis zu 15-20 Minuten dauern. Der Eierschaum sollte abgekühlt und stabil sein. Rühre die Butter mit dem Handrührgerät oder der Küchenmaschine mit Flexirührer maximal schaumig, also in 4-5 Minuten weißcremig.

5. Hebe die Eiermischung unter die Butter.

6. Rühre nach Belieben flüssige Schokolade, Fruchtpüree, Lemoncurd, Gewürze oder andere Aromen ein, um sie geschmacklich zu verfeinern. Die Buttercreme ist auch für Torten mit einem Fondantüberzug geeignet.

Tipp ♡

Verfeinere die französische Buttercreme mit Lemoncurd, flüssiger Kuvertüre oder anderen Aromen.

VARIATIONEN

SCHOKOLADENBUTTERCREME

Schmilz 100 g Zartbitterkuvertüre und hebe sie unter die Buttercreme.

FRUCHTBUTTERCREME

Püriere die Früchte deiner Wahl und lass sie im Topf einkochen, damit die Feuchtigkeit verdunstet. Rühre das Fruchtpüree und Lemoncurd nach Geschmack ein.

Tipp ♡

Die Französische Buttercreme darf bei Bedarf eingefroren werden. Stelle die Buttercreme zum Auftauen in den Kühlschrank und rühre sie vor der Verwendung mit dem Schneebesen der Küchenmaschine oder des Handrührgeräts schaumig.

Italienische Buttercreme

Neben der deutschen Buttercreme ist die italienische Buttercreme auch sehr beliebt. Diese ist aber die zeitaufwendigste und auch die schwierigste Buttercreme, deren Schritte ganz genau befolgt werden müssen, damit die Creme gelingt. Für die Zubereitung sollte auf jeden Fall ein Zuckerthermometer verwendet werden. Sie besteht aus Eiweiß, Zucker und Butter.

🕐 Zubereitungszeit: 60 Min.

Zutaten

FÜR 1 TORTE MIT Ø 26 CM

300 g Zucker

125 ml Wasser

8 Eiweiß Größe L (350 g Eiweiß)

1 Prise Salz

150 g Zucker

500 g weiche Butter

NACH BELIEBEN:

Aromen

Zitronen- /Orangenschalenabrieb

Nusspasten

Lebensmittelfarbpasten

Fruchtpüree

Kaffee

Likör

1. Verrühre das Wasser und den Zucker in einem Topf und lass es aufkochen und den Zuckersirup bis 117/118°C erhitzen.

2. Schlag das Eiweiß mit dem Salz steif. Achte darauf, dass das Eiweiß nicht zu lange gerührt wird, damit es nicht trocken wird. Schlag das Eiweiß am besten erst dann steif, wenn der Zuckersirup kocht. Rühre den restlichen Zucker in den Eischnee und rühre etwa 1 Minute weiter.

3. Sobald der Sirup die Temperatur erreicht hat, wird er langsam und in einem dünnen Strahl zum Eischnee dazugegeben und verrührt. Die Masse nimmt nun an Volumen zu. Rühre die Baisermasse nun so lange, bis sie wieder Zimmertemperatur erreicht hat und somit auf etwa 20°C abkühlt. Das kann unter Umständen bis zu 20 Minuten oder länger dauern.

4. Rühre die Butter in der Zwischenzeit in 6-8 Minuten weißcremig. Hebe den kalten Eischnee unter die Butter. Der Eischnee muss auf jeden Fall abgekühlt sein, da ansonsten die Butter schmilzt und das Volumen der Creme verloren geht.

Tipp ♡

Falls Gewürze (Zimt, Nelken, usw.) verwendet werden sollen, dann werden diese bereits beim Kochen zum Zuckersirup zugefügt. Vor der Verwendung sollte die italienische Buttercreme etwa 30 Minuten gekühlt werden.

Ganache

SCHOKOLADENCREME

Eine Ganache – auch Canache genannt – wird aus Kuvertüre und Sahne hergestellt. Das Verhältnis von Kuvertüre und Sahne ist, je nach Verwendung, unterschiedlich. Je höher der Anteil an Kuvertüre in der Ganache ist, umso fester ist die Konsistenz.

Möchte man eine lockere Schokoladensahnetorte zubereiten, empfiehlt sich ein Verhältnis mit weniger Kuvertüre, damit die Ganache nach dem Durchkühlen luftig locker aufgeschlagen werden kann. Möchte man eine schokoladige, cremige Ganache, wird der Anteil an Kuvertüre erhöht.

Hierbei ist egal, ob Zartbitterkuvertüre, Vollmilch- oder weiße Kuvertüre verwendet wird. Beachten sollte man nur, dass sich die Menge der Kuvertüre je nach Schokoladensorte verändert.

Ganache lässt sich auch gut mit Vanilleextrakt, Zitronenschalenabrieb, Espresso, Likör oder anderen Aromen geschmacklich abwandeln und variieren. Auch eingekochtes Fruchtpüree kann verarbeitet werden. In meinen Rezepten unterscheide ich zwischen einer leichten Ganache, die zum Aufschlagen geeignet ist und somit locker und leicht schmeckt und einer schweren Ganache, die cremig und schokoladig ist.

 Zubereitungszeit: 10 Min. ❄ Kühlzeit: 120 Min.

Leichte Ganache

FÜR 1 TORTE MIT Ø 26 CM

ZARTBITTER:

300 g Sahne

200 g Zartbitterkuvertüre

5 TL Sanapart

VOLLMILCH:

250 g Sahne

250 g Vollmilchkuvertüre

5 TL Sanapart

WEISSE GANACHE:

200 g Sahne

300 g weiße Kuvertüre

5 TL Sanapart

1. Brich die Kuvertüre in Stücke oder hacke sie fein. Lass die Hälfte der Sahne in einem Topf aufkochen und zieh den Topf wieder vom Herd herunter.

2. Rühre die Kuvertüre ein und rühre so lange, bis sie komplett geschmolzen ist. Füge die restliche Sahne hinzu und fülle die Ganache um, decke sie luftdicht ab und stell sie in den Kühlschrank, bis sie wieder vollständig Kühlschranktemperatur angenommen hat und kalt ist.

3. Verrühre die kalte Ganache kurz mit dem Schneebesen des Handrührgeräts oder mit der Küchenmaschine. Streue das Sanapart ein und schlag die Ganache steif. Sie kann nun als Tortenfüllung oder zum Einstreichen von Sahnetorten verwendet werden. Die leichte Ganache ist nach dem Aufschlagen im Kühlschrank 2-3 Tage haltbar.

Schwere Ganache

1 TORTE MIT Ø 26 CM

ZARTBITTER:

200 g Sahne

400 g Zartbitterkuvertüre

6 TL Sanapart

VOLLMILCH:

200 g Sahne

500 g Vollmilchkuvertüre

7 TL Sanapart

WEISSE GANACHE:

150 g Sahne

450 g weiße Kuvertüre

6 TL Sanapart

1. Brich die Kuvertüre in Stücke oder hacke sie fein. Lass die Sahne in einem Topf aufkochen und zieh den Topf wieder vom Herd herunter.

2. Rühre die Kuvertüre ein und rühre so lange, bis sie komplett geschmolzen ist. Fülle die Ganache um, decke sie luftdicht ab und lass sie bei Zimmertemperatur abkühlen.
Rühre die Ganache anschließend mit einem Schneebesen oder einem Teigschaber kurz durch, ohne zu viel Luft einzuschlagen.

3. Die schwere Ganache wird nicht aufgeschlagen und ist daher bis zu 2 Wochen im Kühlschrank haltbar und darf bei Bedarf auch eingefroren werden. Ich verwende sie in diesem Buch als cremige Füllung bei den Tartes.

Konditor-creme

CRÈME PATISSIÈRE

Die Konditorcreme wird im Gegensatz zu den anderen Cremes nicht auf Sahne-, sondern auf Milchbasis hergestellt. Man verwendet sie gerne als Unterlage für Obstkuchen und -torten oder auch als Füllung für Brandteiggebäck. Die Creme wird in einem Topf aufgekocht. Möchte man sie besonders cremig zubereiten, rührt man sie anschließend kalt. Ansonsten lässt man sie gut abgedeckt, ohne Rühren abkühlen. Damit die Creme locker wird, hebt man steif geschlagene Sahne oder Eischnee unter. Die Variante mit Sahne ist cremiger, die mit Eischnee wird bereits beim Abkühlen fest.

🕐 Zubereitungszeit: 25 Min. ❄ Kühlzeit: 1 - 2 Std.

Zutaten

FÜR 1 TORTE MIT Ø 26 CM

KONDITORCREME:
500 ml Milch
60 g Zucker
½ Vanilleschote oder Zitronen-schalenabrieb, Kaffee, Schokolade, Likör, etc.
40 g Stärke
4 Eigelb (60 g)

FESTE KONDITORCREME:
3 Eiweiß
50 g Puderzucker

LOCKERE KONDITORCREME:
200 g Sahne
2 TL Sanapart

Zubereitung

1. Verrühre Milch, Zucker, Vanilleextrakt, Stärke und das Eigelb mit einem Schneebesen in einem Topf und stelle den Herd auf mittlere Stufe. Rühre nun so lange, bis die Masse einmal aufgekocht ist.

2. Ziehe sie vom Herd herunter, streiche sie durch ein feines Haarsieb und decke sie direkt an der Oberfläche mit Frischhaltefolie ab, damit sich keine Haut bildet. Lasse die Creme auf Zimmertemperatur abkühlen.

FESTE KONDITORCREME

3. Schlage das Eiweiß mit dem Puderzucker steif und hebe den Eischnee unter die noch heiße Konditorcreme.

LOCKERE KONDITORCREME

4. Schlage die Sahne mit Sanapart steif. Rühre die abgekühlte Konditorcreme mit einer Küchenmaschine cremig und hebe die Sahne unter.

Tipp ♡

Die Konditorcreme kann durch Zugabe von Instantkaffeepulver, Gewürzen oder geschmolzener Schokolade verfeinert werden.

![Homemade Lemon Curd]

Lemoncurd

ZITRONENCREME

Das Lemoncurd gehört zu meinen Lieblingscremes.
Es ist nicht nur für Torten, sondern auch für Muffins
oder als Brotaufstrich geeignet. Es ist eine pudding-
artige Creme, die vor allem in Großbritannien
verbreitet ist. Das Lemoncurd kann als Fruchteinlage oder auch eigenständig als Buttercreme
verwendet werden. Die Hauptzutat sind Zitronen,
die je nach Geschmack durch Limetten, Orangen
oder andere Früchte ausgetauscht werden können.
Die Bindung entsteht durch Eier und Stärke.

 Zubereitungszeit: 10 Min.  Garzeit: 10 Min.

Zutaten

FÜR 2 GLÄSER À 220 ML

150 ml Zitronensaft und Abrieb
von 4 unbehandelten Zitronen
3 Eier
150 g Zucker
1 TL Stärke
40 g Butter

Zubereitung

1. Reibe die Zitronenschale fein ab und presse den Zitronensaft aus. Verrühre den Zitronensaft, -abrieb, die Eier, den Zucker und die Stärke in einem Topf und rühre alles mit einem Schneebesen klümpchenfrei.

2. Stelle den Herd auf mittlere Stufe und erhitze die Masse für mindestens 5 Minuten und lasse sie anschließend einmal kurz aufkochen.

3. Streiche sie durch ein feines Haarsieb und rühre die Butter ein. Decke das Lemoncurd mit einer Frischhaltefolie direkt an der Oberfläche ab und lasse es auf Zimmertemperatur abkühlen.

4. Rühre es erneut gut durch und verwende es weiter.

5. Im Kühlschrank hält es sich eingepackt bis zu einer Woche.

Tipp ♡

Soll das Lemoncurd als Buttercreme verwendet werden, wird der Anteil der Butter auf 120 g erhöht, dadurch wird das Lemoncurd im Kühlschrank fest.

Dulce de Leche

KARAMELLCREME

„Dulce de Leche" ist spanisch und bedeutet so viel wie „Süßes aus Milch". Für die Creme benötigt man nur eine Zutat: Kondensmilch. Kondensmilch ist in jedem gut sortierten Supermarkt erhältlich. Das ist Milch, die durch die Reduzierung des Wassergehalts hergestellt wird. Für die Herstellung von Dulce de Leche wird gezuckerte Kondensmilch verwendet. Normalerweise wird die Milch in einem Topf gerührt und stundenlang gekocht, bis sie karamellisiert. Die einfachere Variante erfolgt in Einmachgläsern.

🕐 Zubereitungszeit: 120 Min.

Tipp ♡

Das Dulce de Leche schmeckt in Torten oder Kuchen als Füllung, als Brotaufstrich oder als Zugabe für Eis und andere Desserts hervorragend.

Zutaten

**FÜR 3 EINMACHGLÄSER
À 220 ML**

2 Dosen gezuckerte Kondensmilch
3 Einmachgläser mit Verschluss

Zubereitung

1. Fülle die Kondensmilch in die Einmachgläser. Das Glas sollte hierbei fast ganz voll sein. Am besten finde ich die Einmachgläser mit einem Gummi-Einkochring und Einkochklammern, die besonders dicht verschließen. Verschließe das Einmachglas gut und stelle es in einen großen Topf mit Wasser. Lege ein sauberes Geschirrtuch unter das Glas, damit es beim Kochen nicht so laut an den Topfboden klopft.

2. Das Einmachglas muss mit dem Wasser komplett bedeckt sein. Setze den Topfdeckel nun auf und lasse das Wasser kochen. Koche die Kondensmilch etwa 2 Stunden ein, bis sie karamellfarben ist. Falls zu viel Wasser verdunstet, kannst du es wieder mit kochendem Wasser auffüllen.

3. Nimm die Einmachgläser mit einer Zange aus dem Wasser heraus und lasse sie komplett abkühlen. Rühre das Dulce de Leche vor der Verwendung gründlich durch und bewahre die angebrochenen Gläser im Kühlschrank auf.

Tipp ♡

Gezuckerte Kondensmilch findest du in jedem gut sortierten Supermarkt. Mittlerweile gibt es in einigen Supermärkten oder auch russischen Lebensmittelgeschäften bereits karamellisierte Kondensmilch, also Dulce de Leche, zu kaufen. Wenn du es also nicht selbst zubereiten möchtest, kannst du das Convenience Produkt verwenden.

Klassische Torten

Ob Schwarzwälder Kirschtorte, Bienenstich, Erdbeersahnetorte oder Käsekuchen -
die Klassiker der Konditoreikunst kennt jeder. Seit Jahrzehnten versüßen sie die Kaffeetafel und dürfen
auch in meiner Rezeptesammlung nicht fehlen. Die Klassiker sind keineswegs altbacken.

Auch zur heutigen Zeit gehören sie meiner Meinung nach in das Rezept-Repertoire eines jeden
Hobby-Konditors. Vor allem eines sind sie: vielfältig. Mein absoluter Lieblingsklassiker ist die Schwarzwälder
Kirschtorte, die schokoladig, leicht und dennoch fruchtig schmeckt.

Murats Lieblingsklassiker ist und bleibt der Bienenstich, der einen feinen Buttergeschmack hat.
In diesem Kapitel findest du auch Tortenklassiker aus anderen Ländern.

Schwarzwälder Kirschtorte

Schokoladenbiskuit mit Kirschfüllung und aromatisierter Sahne

Die Schwarzwälder Kirschtorte gehört zu den deutschen Klassikern schlechthin und ist auch auf der ganzen Welt als „Black Forest Cake" bekannt. Es gibt verschiedene Theorien über den Namen und die Herkunft der Torte. Eine mögliche Theorie ist die Zutat Kirschwasser, welches zum großen Teil im Schwarzwald hergestellt wird. Aber auch die Optik des Kuchens, die schwarzen Schokoladenraspel und die roten Kirschen erinnern an die Frauentracht des Schwarzwalds. Aber eins ist klar: die Torte gehört zu unseren absoluten Favoriten im Bereich der Sahnetorten. Wenn ich in der Türkei zu Besuch bin, fragen mich alle nach diesem deutschen Klassiker. Die Torte kann natürlich auch ohne Alkohol zubereitet werden - das tut dem Geschmack fast keinen Abbruch.

 26 cm  12 Stk. Zubereitungszeit: 90 Min. Backzeit: 50 Min. Kühlzeit: 6 Std.

SCHOKOLADEN-WIENER MASSE:

7 Eier

240 g Zucker

1 Prise Salz

½ TL Vanilleextrakt

150 g Mehl

50 g Kakao

50 g Stärke

60 g zerlassene Butter

SAHNEFÜLLUNG:

700 ml Schlagsahne

25 ml Kirschwasser

50 g Puderzucker

1 Packung Sanapart

KUCHENTRÄNKE:

100 ml Kirschwasser (alkoholisch)
oder 100 ml Kirschsaft

KIRSCHFÜLLUNG:

1 Glas Sauerkirschen
à 440 g Abtropfgewicht

45 g Stärke

½ Zimtstange

Saft von ½ Zitrone

60 g Zucker

DEKORATION:

300 g Sahne

3 TL Sanapart

100 g Zartbitterkuvertüre (Rezept S. 56)

12 Belegkirschen (Rezept S. 54)

BACKFORMEN:

1 verstellbarer Backring (10 cm hoch)

Backfolie

Perforiertes Backblech

Zubereitung

1-2 Tage einfrieren

SCHOKOLADEN-WIENER MASSE

1. Stelle den Schokoladen-Wienerboden wie auf S. 69 beschrieben her und lass ihn am besten über Nacht abkühlen. Schneide ihn zwei Mal waagerecht durch.

KIRSCHFÜLLUNG

2. Lasse die Kirschen abtropfen und fange den Saft auf. Verrühre 6 Esslöffel des Saftes mit der Stärke. Fülle den restlichen Saft, die Zimtstange, den Zitronensaft und Zucker in einen Topf, lass ihn aufkochen und 3 Minuten leicht köcheln. Füge die Kirschen und die Stärkemischung hinzu und lass es noch einmal aufkochen. Nimm die Kirschfüllung vom Herd herunter, decke sie mit Frischhaltefolie ab und lass sie lauwarm abkühlen. Entferne die Zimtstangee und rühre die Kirschfüllung kurz durch.

3. Setze den untersten Boden auf eine Tortenplatte und tränke ihn mit dem Kirschwasser oder Kirschsaft. Streiche die Kirschfüllung kuppelförmig darauf, lass dabei einen 1 cm breiten Rand frei. Stelle die Torte für 30 Minuten in den Kühlschrank.

SAHNEFÜLLUNG

4. Schlage die Sahne mit dem Kirschwasser, Puderzucker und dem Sanapart steif. Spanne einen Tortenring um den Tortenboden. Streiche die Hälfte der Sahne über die Kirschen und lege den zweiten Tortenboden auf. Das Kirschwasser kannst du auch weglassen.

5. Streiche die restliche Sahne auf und lege den Tortendeckel auf. Stelle die Torte für mindestens 5 Stunden in den Kühlschrank. Entferne den Tortenring. Schlag die Sahne mit Sanapart steif und streiche die Torte damit komplett ein. Fülle die restliche Sahne in einen Spritzbeutel mit großer Sterntülle.

6. Klebe Schokoladenraspel mit einer Teigkarte an den Rand der Torte und lege die Schokoladenröllchen mittig auf die Torte. Setze mit dem Spritzbeutel 12 Tuffs auf die Torte und lege Belegkirschen darauf.

Red Velvet Cake

Schokoladenkuchen mit Vanillecreme

Der „Red Velvet Cake" – auf deutsch „roter Samtkuchen" ist ein Schokoladenkuchen mit einer Vanillecreme aus der Südstaatenküche. Die rotbraune Farbe ist der Grund für seine Bezeichnung. Traditionell entstand die rote Farbe durch einen chemischen Prozess zwischen Kakao und Säure, wie beispielsweise Essig oder Buttermilch. Die Säure hat außerdem den positiven Nebeneffekt, dass das Natron wirken kann und der Teig somit noch luftiger wird. Die rote Farbe wird bei vielen modernen Rezepten mittlerweile durch rote Beete oder Lebensmittelfarbpaste unterstützt. Die Torte macht ihrem Namen alle Ehre und schmeckt samtig und leicht.

 20 cm  12 Stk. Zubereitungszeit: 50 Min. Backzeit: 25 Min. Kühlzeit: 3 Std.

RÜHRTEIG:

350 g weiche Butter

350 g Zucker

1 Prise Salz

1 TL Vanilleextrakt

6 Eier

350 g Mehl

80 g Kakao

1 ¼ TL Backpulver

¼ TL Natron

500 ml Buttermilch

1 EL Essig

rote Lebensmittelfarbpaste

CREAM CHEESE VANILLA FROSTING:

250 g weiche Butter

250 g Puderzucker

2 TL Vanilleextrakt

250 g Frischkäse

DEKORATION:

100 g Blaubeeren

200 g Himbeeren

BACKFORMEN:

3 verstellbare Backringe (20 cm)

Perforiertes Backblech

Zubereitung

RÜHRTEIG

1. Heize den Backofen auf 170°C O/U vor und schlage drei Backringe mit Backpapier ein.

2. Verrühre die Butter mit Zucker, Salz und Vanilleextrakt in 4-5 Minuten zu einer cremigen Masse. Rühre die Eier einzeln jeweils 1 Minute ein. Verrühre Mehl, Kakao, Backpulver und Natron. Rühre nun nacheinander die Hälfte des Mehlgemischs und die Hälfte der Buttermilch ein. Füge dann die restlichen Zutaten hinzu und rühre kurz durch. Gib dann die Lebensmittelfarbpaste hinzu.

3. Fülle jeweils ein Drittel des Teiges in die Backringe und backe die Teige für etwa 25-28 Minuten. Lass sie danach komplett erkalten.

Tipp ♡

Die Teige können ohne Probleme nacheinander gebacken werden.

4. Verrühre die Butter mit Puderzucker und Vanilleextrakt in 4-5 Minuten zu einer weißcremigen Masse. Füge den Frischkäse hinzu und rühre ihn sorgfältig ein.

5. Fülle die Creme in einen Spritzbeutel mit großer Lochtülle ein. Setze den ersten Tortenboden auf eine Tortenplatte und spritze nun die Creme, von außen beginnend, auf den Tortenboden. Verstreiche die Creme ganz vorsichtig mit einer Palette und setze den zweiten Boden auf.

3 Tage
einfrieren

6. Bespritze nun auch den zweiten und dritten Teigboden auf diese Weise.

8. Setze jeweils ein bisschen Creme auf die Blaubeeren.

7. Dekoriere die Torte mit den Blau- und Himbeeren. Fülle etwas Creme in einen kleinen Spritzbeutel ohne Tülle oder in einen Gefrierbeutel und schneide eine kleine Spitze ab.

Gib so viel Lebensmittelfarbpaste in den Teig hinein, bis deine gewünschte Farbe entsteht. Denke daran, dass die Farbe beim Backen nachdunkelt.

Bienenstich

Hefekuchen mit karamellisierter Mandelkruste und Vanillecreme

Der Bienenstich gehört zu den Klassikern der deutschen Konditorei. Häufig wird er mit einer deutschen Buttercreme gefüllt. Diese leichtere Variante mit der Vanille-Sahnecreme schmeckt uns persönlich besser. Die Herkunft der Bezeichnung „Bienenstich" ist unklar. Laut einer Sage naschten zwei Bäckerlehrlinge Honig von Bienennestern, als sie ein paar Angreifer sahen. Aus Notwehr warfen die beiden Bäckerlehrlinge die Bienenstöcke nach ihnen und die Angreifer mussten, von den Bienen gestochen, fliehen. Zur Feier wurde dieser besondere Kuchen gebacken. Auch in anderen Ländern ist dieser typisch deutsche Klassiker als „Bee Sting Cake" bekannt.

 26 cm 12 Stk. Zubereitungszeit: 120 Min. Backzeit: 30 Min. Kühlzeit: 6 Std.

HEFETEIG:
1/2 Würfel Hefe
40 g Zucker
2 EL warmes Wasser
250 g Mehl
125 ml lauwarme Milch
1 Ei
1/4 TL Salz
40 g zerlassene Butter

VANILLE-CREME:
500 ml Milch
2 Eigelb
100 g Zucker
1 TL Vanilleextrakt
1 Prise Salz
40 g Stärke
300 ml Sahne
10 TL Sanapart

KARAMELLISIERTE MANDELKRUSTE:
100 g Butter
100 g Zucker
1 EL Sahne
1/2 TL Vanilleextrakt
130 g gehobelte Mandeln

BACKFORMEN:
1 verstellbarer Backring (7 cm hoch)
Backfolie
Perforiertes Backblech

Zubereitung

3-4 Tage
❄ einfrieren

HEFETEIG

1. Verrühre die Hefe mit Wasser und Zucker bis sie sich aufgelöst hat. Füge Mehl, Milch, Ei und Salz hinzu und verknete den Teig kurz. Gib nun die flüssige Butter hinzu und knete den Teig für etwa 7-8 Minuten. Der Teig soll sehr weich und geschmeidig sein. Decke ihn mit einem feuchten Tuch oder einem Flexdeckel ab und lasse ihn etwa 60 Minuten aufgehen. Fülle den Teig in den vorbereiteten Backring und lass ihn erneut abgedeckt etwa 30 Minuten aufgehen. Bereite in dieser Zeit die Vanille-Creme vor.

VANILLE-CREME

2. Verrühre mit einem Schneebesen die Milch mit den Eigelben, Zucker, Vanilleextrakt, Salz und Stärke in einem Topf. Lasse die Mischung bei mittlerer Stufe kurz aufkochen und zieh sie vom Herd herunter. Streiche den Pudding durch ein Sieb und decke ihn direkt an der Oberfläche mit Frischhaltefolie ab, damit sich keine Haut bildet. Lasse ihn im Kühlschrank abkühlen.

KARAMELLISIERTE MANDELKRUSTE

3. Heize den Ofen auf 190°C O/U vor. Verrühre Butter, Zucker, Sahne und Vanilleextrakt

in einem kleinen Topf und lasse die Mischung einmal aufkochen. Füge die Mandeln hinzu und ziehe die Mischung vom Herd herunter. Lasse sie lauwarm abkühlen.

4. Verteile sie gleichmäßig über dem aufgegangenen Hefeteig und backe den Kuchen für 30 Minuten. Lasse ihn komplett abkühlen und halbiere ihn quer. Schneide den Deckel mithilfe eines Torteneinteilers in 12 Tortenstücke. Setze den unteren Teigboden auf einen Tortenretter und stelle einen Backring außenrum.

5. Rühre den Pudding mit einem Handrührgerät oder mit der Küchenmaschine und dem Schneebesen gut durch. Schlag die Sahne mit Sanapart steif und rühre den Pudding ein. Verteile die Creme auf dem Tortenboden, setze die Tortenstücke darauf und drücke sie leicht fest. Stell die Torte für mindestens 5 Stunden in den Kühlschrank.

Erdbeertorte

mit Mascarponecreme

Die Erdbeersaison von Mitte Mai bis Anfang August sollte auf jeden Fall genutzt werden, um diese fruchtige Erdbeer-Mascarpone-Torte zu backen. Die Torte ist ganz einfach gestaltet und mit süßen leckeren Erdbeeren dekoriert. Besonders frisch sind die Früchte, wenn ihr sie selbst auf dem Erdbeerfeld pflückt. Es macht Spaß und nebenbei kann auch ein wenig genascht werden.

 24 cm 12 Stk.  Zubereitungszeit: 75 Min. Backzeit: 45 Min. Kühlzeit: 6 Std.

WIENER MASSE:

6 Eier

200 g Zucker

1 Prise Salz

½ TL Vanilleextrakt

170 g Mehl

42 g Stärke

50 g Butter

ERDBEER-MASCARPONE-CREME:

300 g Erdbeeren

100 g Puderzucker

2 Tüten Agaragar

200 ml Wasser

200 g Erdbeeren

500 g Sahne

3 TL Sanapart

250 g Mascarpone

DEKORATION:

100 g gehobelte, geröstete Mandeln

6 Erdbeeren

BACKFORMEN:

1 verstellbarer Backring (10 cm hoch)

Backfolie

Perforiertes Backblech

Zubereitung

WIENER BODEN

1. Bereite einen Wiener Boden wie im Grundrezept auf S. 69 beschrieben vor und schneide ihn einmal waagerecht durch.

ERDBEER-MASCARPONE-CREME

2. Püriere 300 g Erdbeeren mit dem Puderzucker fein. Verrühre das Agaragar mit dem Wasser in einem Topf und lass es 2 Minuten sprudelnd kochen. Zieh den Topf vom Herd herunter und rühre das Agaragar in das Erdbeerpüree ein. Stelle es kurz zur Seite.

3. Schneide die übrigen Erdbeeren in Würfel. Schlage die Sahne mit Sanapart steif und stelle 100 g Sahne für die Dekoration in den Kühlschrank.

Verrühre die Mascarpone mit dem übrigen Sanapart. Rühre das Erdbeerpüree mit dem Schneebesen in die Mascarpone ein und hebe die Sahne unter.

SETZE DIE TORTE ZUSAMMEN

4. Lege den Tortenboden auf eine Tortenplatte und umschließe ihn mit dem Backring. Streiche 1/3 der Erdbeercreme darüber und verteile die klein geschnittenen Erdbeeren auf der Creme.

5. Bedecke sie mit etwas Creme und setze den Teigdeckel auf. Bestreiche ihn mit der restlichen Creme und stelle die Torte für 5 Stunden in den Kühlschrank.

2 Tage
einfrieren

6. Nimm den Backring weg und streiche etwas Creme von der Oberfläche an den Rand der Torte.

7. Klebe die gerösteten Mandelblätter an den Rand.

Tipp ♡

Erdbeeren sollten nur während der Erdbeersaison regional gekauft und verzehrt werden. Das unterstützt die regionalen Bauern und spart unnötige Transportwege aus dem Ausland. Und sie schmecken viel besser.

8. Fülle die restliche Sahne in einen Spritzbeutel mit großer Lochtülle und spritze 12 Tuffs auf die Torte. Setze jeweils eine halbierte Erdbeere davor.

Donauwelle

Klassischer Rührkuchen mit Kirschen, Vanillebuttercreme und Schokoladenüberzug

Den Namen hat diese Torte durch das wellenförmige Muster des Teiges bekommen. Der zweifarbige Teig wird mit Kirschen belegt, die eingedrückt werden und somit das Wellenmuster im Teig entstehen lassen. Bestrichen wird die Torte mit einer deutschen Vanillebuttercreme, welche mit einer Schokoladenschicht überzogen wird.
Auch die Schokoladenschicht erhält die typische Wellenform. Diese Torte gehört zu den absoluten Klassikern der deutschen Konditorei! Die Donauwelle ist fruchtig im Geschmack und kann rund ums Jahr gebacken werden.

 30 x 40 cm 20 Stk. Zubereitungszeit: 70 Min.  Kühlzeit: 3 Std.

RÜHRTEIG:
250 g weiche Butter
250 g Zucker
1 Prise Salz
½ TL Vanilleextrakt
5 Eier
375 g Mehl
1 Packung Backpulver
20 g Kakao
4 EL Milch
1 Glas Sauerkirschen
à 440 g Abtropfgewicht

DEUTSCHE BUTTERCREME:
500 ml Milch
60 g Zucker
40 g Stärke
1 TL Vanilleextrakt
250 g zimmerwarme Butter

SCHOKOLADEN-ÜBERZUG:
200 g Zartbitterkuvertüre
50 g Kokosfett

BACKFORMEN:
1 verstellbarer Backrahmen (7,5 cm hoch)
Backfolie
Perforiertes Backblech

Zubereitung

RÜHRTEIG

1. Heize den Ofen auf 190°C O/U vor und stelle deinen Backrahmen auf 30 x 40 cm ein. Lege ihn auf das mit Backfolie belegte Backblech. Lasse die Sauerkirschen gut abtropfen.

2. Verrühre die Butter mit Zucker, Salz und dem Vanilleextrakt in 4-5 Minuten zu einer weißcremigen Masse. Rühre die Eier einzeln jeweils 1 Minute mit ein. Mische Mehl und Backpulver und rühre es kurz in den Teig ein.

3. Verteile die Hälfte des Teiges im Backrahmen und streiche ihn glatt. Verrühre Kakao und Milch und füge es zum restlichen Teig hinzu. Rühre kurz durch. Verstreiche den dunklen Teig auf dem hellen und verteile die abgetropften Kirschen gleichmäßig darüber.

4. Backe den Kuchen für etwa 35 Minuten und lasse ihn vollständig erkalten. Löse den Backrahmen nicht.

DEUTSCHE BUTTERCREME

5. Verrühre 6 Esslöffel der Milch mit Zucker, Stärke und Vanilleextrakt und lasse die restliche Milch einmal aufkochen.

6. Ziehe die Milch vom Herd herunter und rühre das Stärkegemisch ein. Lasse den Vanillepudding erneut auf der Herdplatte einmal unter Rühren aufkochen und ziehe den Pudding dann vom Herd herunter.

7. Fülle ihn um und decke ihn an der Oberfläche direkt mit Frischhaltefolie ab, damit sich keine Haut bildet. Lasse den Pudding zimmerwarm abkühlen.

8. Rühre den Pudding mit einem Schneebesen cremig. Schlage die Butter mit der Küchenmaschine oder dem Handrührgerät in 5-6 Minuten weißcremig und gebe den Pudding esslöffelweise ein.

9. Verteile die Buttercreme glatt auf dem vorgebackenen, abgekühlten Teig und stelle den Kuchen für mindestens 1 Stunde kühl. Löse den Backrahmen.

3-4 Tage
einfrieren

SCHOKOLADEN-ÜBERZUG

10. Temperiere die Kuvertüre wie auf S. 35 beschrieben und rühre das Kokosfett mit ein. Verteile die temperierte Kuvertüre gleichmäßig auf der kalten Buttercreme und verstreiche sie mit einer Winkelpalette.

11. Ziehe mit einer gezackten Teigkarte Wellen in die Kuvertüre und stelle die Torte für 1 Stunde kühl.

INFO

Die deutsche Buttercreme kann ganz klassisch mit Eigelb oder so wie hier im Rezept ohne Eigelb zubereitet werden.

12. Schneide mit einem heißen Messer etwa 8 x 6 cm große Kuchenstücke.

Frankfurter Kranz

Geschichteter Rührkuchen mit Buttercreme und Mandelkrokant

Mit etwas Fantasie sieht der Frankfurter Kranz aus wie eine goldene Krone, daher wird er im englischen nicht unbegründet „Frankfurt Crown" genannt. Die Zubereitung erfordert etwas Übung, aber die Arbeit lohnt sich allemal. In meinem Rezept verwende ich einen leichten Rührteig, welcher anschließend mit Kirschgelee bestrichen und mit einer Vanillebuttercreme gefüllt wird. Dekoriert wird die Torte mit Mandelkrokant, welcher beim Essen so schön knackt. Das optische und geschmackliche Highlight sind für mich die selbst gemachten Belegkirschen.

 28 cm  16 Stk. Zubereitungszeit: 120 Min. Backzeit: 45 Min. Kühlzeit: 3 Std.

RÜHRTEIG:

250 g weiche Butter

250 g Zucker

1 Prise Salz

½ TL Vanilleextrakt

Abrieb von 1 unbehandelten Zitrone

6 Eier

50 g Stärke

300 g Mehl

1 Packung Backpulver

DEUTSCHE BUTTERCREME:

500 ml Milch

100 g Zucker

40 g Stärke

2 Eigelb

1 TL Vanilleextrakt

1 Prise Salz

320 g weiche Butter

ZUM FERTIGSTELLEN:

50 g Kirschgelee

nach Belieben 2 EL Kirschwasser

16 Belegkirschen (Rezept auf S. 54)

KROKANT:

200 g gehackte Mandeln

50 ml Wasser

200 g Zucker

1 EL Butter

BACKFORMEN:

Frankfurter Kranz Form (28 cm)

oder 1 Gugelhopf-Form

Zubereitung

RÜHRTEIG

1. Heize den Ofen auf 170°C O/U vor und fette die Backform mit Backtrennspray und bemehle sie.

2. Verrühre die Butter mit Zucker, Salz, Vanilleextrakt und den Zitronenschalenabrieb in 4-5 Minuten zu einer weißcremigen Masse. Rühre die Eier einzeln jeweils 1 Minute mit ein. Verrühre Stärke, Mehl und Backpulver und rühre sie kurz in den Teig ein. Fülle den Teig in die vorbereitete Backform und backe den Kuchen für etwa 40-45 Minuten. Lass ihn nach dem Backen etwa 10 Minuten abkühlen und stürze ihn auf ein Abkühlgitter. Lass ihn abgedeckt komplett erkalten.

KROKANT

3. Koche das Wasser mit dem Zucker in einer Pfanne so lange auf, bis der Sirup hell karamellfarben wird. Füge die Mandeln und die Butter hinzu und rühre so lange, bis die Mandeln karamellfarben sind. Verteile sie auf einem Backpapier und lass sie abkühlen. Fülle sie in einen Gefrierbeutel und zerkleinere sie mit einem Ausrollstab.

DEUTSCHE BUTTERCREME

4. Verrühre die Milch mit Zucker, Stärke, Eigelb, Vanilleextrakt und Salz in einem Topf und lasse die Mischung bei mittlerer Hitze in 3-4 Minuten kurz aufkochen. Zieh die Creme vom Herd herunter, streiche sie durch ein Sieb und decke sie an der Oberfläche direkt mit Frischhaltefolie ab, damit sich keine Haut bildet. Lass sie zimmerwarm abkühlen. Rühre sie anschließend mit einem Schneebesen cremig.

5. Rühre die Butter in 5-6 Minuten weißcremig und rühre den Pudding esslöffelweise ein. Stell die Buttercreme für 10 Minuten in den Kühlschrank.

4-5 Tage

❄ einfrieren

SETZE DIE TORTE ZUSAMMEN

6. Lege etwa 6 Esslöffel der Buttercreme für die Dekoration zur Seite. Schneide den Kuchen 2 mal waagerecht mit einer Tortensäge durch. Erhitze das Kirschgelee – nach Belieben mit dem Kirschwasser.

7. Bestreiche die beiden unteren Böden mit dem Gelee. Setze den unteren Boden auf eine Tortenplatte und bestreiche ihn etwa 5 mm dick mit der Buttercreme.

Tipp ♡

Tränke die Tortenböden nach Belieben vor dem Bestreichen mit dem Gelee mit Kirschwasser.

8. Setze den zweiten Boden auf und bestreiche ihn ebenfalls 5 mm dick mit Buttercreme.

9. Setze den Teigdeckel auf und bestreiche die Torte zuerst ganz dünn mit Buttercreme und stell sie für 15 Minuten kühl. Streiche die restliche Buttercreme glatt auf die Torte und stelle sie nun für 1 Stunde kühl.

2 Tage
einfrieren

DEKORIERE DIE TORTE

10. Klebe den Krokant mit den Händen an die Buttercreme. Fülle die restliche Buttercreme in einen Spritzbeutel mit großer Sterntülle.

11. Entferne mit einem kleinen Messlöffel an 16 Stellen etwas Krokant von der Torte, damit die Buttercreme haften kann. Spritze Buttercremetupfen auf die Torte und lege jeweils eine Belegkirsche darauf.

Karottenkuchen

mit Vanillecreme

Viele können sich gar nicht vorstellen, wie dieser Kuchen wohl schmecken könnte. Es ist ganz normal, dass man mit Karottengemüse nichts Süßes assoziiert. Doch die Karotten verleihen dem Kuchen die Feuchtigkeit, so dass er auch noch nach Tagen super saftig ist. Das Gemüse schmeckt man nicht heraus, optisch bekommt der Teig dadurch aber eine schöne Farbe. In vielen Ländern der Welt ist der Karottenkuchen – Carrot-Cake ein wahrer Klassiker. Statt der Karotten können beispielsweise auch Zucchini oder Kürbis verwendet werden. Die Vanillecreme unterstützt den süßen Geschmack des Kuchens und kann nach Belieben mit Lebensmittelfarbpaste eingefärbt werden.

 24 cm 12 Stk. Zubereitungszeit: 120 Min. Backzeit: 50 Min. Kühlzeit: 120 Min.

KAROTTEN-ÖLTEIG:

4 Eier

200 g Zucker

1 Prise Salz

½ TL Vanilleextrakt

350 g geraspelte Möhren

50 g Naturjoghurt

200 ml Öl

350 g Mehl

1 TL Backpulver

1 TL Natron

2 TL Zimt

1 Prise Muskatnuss

150 g gehackte Walnüsse

VANILLA CREAM CHEESE FROSTING:

250 g weiche Butter

250 g Puderzucker

250 g Frischkäse

Abrieb von 1 unbehandelten Zitrone

1 TL Vanilleextrakt

DEKORATION:

50 g rote Modellierschokolade

50 g weiße Modellierschokolade

gelbe Lebensmittelfarbpaste

40 g grüne Modellierschokolade

essbarer Kleber

12 Zahnstocher

½ TL Zimt

BACKFORMEN:

1 verstellbarer Backring (7 cm hoch)

Backfolie

Perforiertes Backblech

Zubereitung

KAROTTEN-ÖLTEIG

1. Heize den Ofen auf 170°C O/U vor und stelle den Backring auf ein mit Backfolie belegtes Backblech. Verrühre die Eier mit Zucker, Salz und Vanilleextrakt in 4-5 Minuten zu einer weißcremigen Masse. Füge die geraspelten Möhren, den Joghurt und das Öl hinzu und rühre sie bei niedriger Stufe ein. Verrühre Mehl, Backpulver, Natron, Zimt, Muskat und die Walnüsse und hebe sie kurz unter.

2. Fülle den Teig in den Backring und streiche ihn am Rand hoch, damit er gleichmäßig aufgeht. Backe den Kuchen für etwa 50 Minuten und lass ihn danach komplett abkühlen.

VANILLA CREAM CHEESE FROSTING

3. Verrühre die Butter mit dem Puderzucker in 4-5 Minuten weißcremig. Füge den Frischkäse, Zitronenschalenabrieb und das Vanilleextrakt hinzu und rühre es kurz ein.

4. Schneide den Kuchen einmal waagerecht durch und setze den unteren Teil auf eine Tortenplatte. Bestreiche ihn mit einem Drittel der Creme und setze den Deckel auf.

Streiche eine dünne Schicht der Creme um die Torte und stelle sie für 10 Minuten kühl. Stell die Kuchenplatte auf eine Tortendrehplatte.

5. Streiche nun die restliche Creme gleichmäßig auf die Torte.

6. Drehe nun die Tortendrehplatte und setze eine Palette mittig an und bewege sie nicht. Durch die Drehbewegung entsteht ein Spiralmuster auf der Oberfläche der Torte.

7. Setze die Palette am Rand der Torte an, drehe die Platte und zieh die Palette langsam nach unten, damit der Rand auch gemustert wird. Stelle die Torte für 1 Stunde kühl.

2-3 Tage
einfrieren

FORME MÖHREN AUS MODELLIERSCHOKOLADE

8. Verknete die Modellierschokolade und die Lebensmittelfarbpaste. Teile sie in 12 Stücke ein und rolle jedes Stück zu einer Kugel. Forme die Kugeln in der Hand zu Kegeln und spieße sie auf jeweils einen Zahnstocher auf. Strukturiere die Möhren mit der stumpfen Seite eines Messers, indem du Rillen einziehst. Stecke sie auf einen Styroporblock.

9. Verknete die grüne Modellierschokolade und rolle dünne, kurze Stränge. Lege jeweils zwei zusammen und klebe sie mit dem essbaren Kleber an die Möhren. Lass sie etwa 30 Minuten aushärten.

10. Bestreue die Torte mit Zimt und dekoriere sie, indem du die Möhren hineinsteckst.

Tipp ♡

Schneide den unteren Teil der Möhren ein wenig ab, damit sie aussehen, als würden sie in der Torte stecken.

Himbeerschnitte

mit leichtem Schokoladenboden

Die Himbeerschnitte gehört zu den leichten Torten. Sie ist nicht nur in der Herstellung und Zubereitung leicht, sondern auch im Geschmack. Der lockere Schokoladenboden wird mit Himbeergelee bestrichen, mit einer Vanillecreme befüllt und abschließend mit frischen Himbeeren belegt.

 13 x 30 cm  8 Stk. Zubereitungszeit: 25 Min. Backzeit: 12 Min. Kühlzeit: 30 Min.

SCHOKOLADEN-RÜHR-ÖLTEIG:

3 Eier
1 Prise Salz
½ TL Vanilleextrakt
1 Prise Zimt
150 g Zucker
150 ml Buttermilch
150 ml Öl
200 g Mehl
25 g Kakao
1,5 TL Backpulver

VANILLECREME:

350 ml Milch
150 g Sahne
2 Eigelb
80 g Zucker
50 g Stärke
1 Prise Salz
1 TL Vanilleextrakt

BELAG:

50 g Himbeergelee
nach Belieben 30 ml Himbeergeist
400 g Himbeeren
30 ml Wasser

BACKFORMEN:

1 verstellbarer Backrahmen (7,5 cm hoch)
Backfolie
Perforiertes Backblech

157

Zubereitung

2 Tage einfrieren

SCHOKOLADEN-RÜHRÖLTEIG

1. Heize den Ofen auf 200°C O/U vor. Stelle deinen Backrahmen auf das mit Backfolie belegte Backblech und stelle ihn auf 39 x 30 cm Größe ein.

2. Verrühre die Eier mit Salz, Vanilleextrakt, Zimt und Zucker in 4-5 Minuten zu einer weißcremigen Masse. Füge Buttermilch und Öl hinzu und rühre sie bei niedrigster Stufe ein. Vermische Mehl, Kakao und Backpulver und siebe es über den Teig. Hebe die Zutaten mit einem Schneebesen unter.

3. Verteile den Teig im Backrahmen und backe ihn für 12 Minuten. Lass ihn komplett abkühlen. Schneide ihn in 3 lange, jeweils 13 x 30 cm große Teigstreifen.

VANILLECREME

4. Verrühre die Zutaten mit einem Schneebesen in einem Topf und erhitze sie bei mittlerer Stufe unter ständigem Rühren so lange, bis die Creme eingedickt und einmal aufgekocht ist. Ziehe sie vom Herd herunter und decke sie mit einer Frischhaltefolie direkt an der Oberfläche ab, damit sich keine Haut bildet.

5. Erhitze das Himbeergelee und füge nach Belieben Himbeergeist hinzu. Lege die Hälfte davon weg.

6. Bestreiche die Teigstreifen mit dem noch warmen Gelee und lasse es kurz einziehen. Rühre die Vanillecreme erneut durch. Bestreiche die Teigstreifen mit der noch warmen Vanillecreme und setze sie übereinander.

7. Lege die Himbeeren dicht nebeneinander auf die Torte. Erhitze das übrige Himbeergelee mit dem Wasser und lass es einmal kurz aufkochen.

8. Bepinsle die Himbeeren ganz vorsichtig mit dem Gelee und lass es erkalten.

9. Halbiere die Himbeerschnitte einmal längs und schneide sie quer in jeweils vier Rechtecke.

Linzer Torte

Unser Lieblingsrezept

Die Linzer Torte ist ein echter österreichischer Klassiker aus der Stadt Linz. Dort wird der Kuchen traditionell mit Ribiselmarmelade zubereitet. Bei uns im Badischen bereitet man ihn mit Himbeermarmelade oder Pflaumenmus und verschiedenen Gewürzen zu. Einige Rezepte müssen erst ein paar Tage durchziehen, damit der Kuchen weich wird und sich die Aromen verbinden. Meine Variante schmeckt bereits am ersten Tag und ist weich. Von Tag zu Tag schmeckt die Linzer Torte besser. Im Originalrezept verwendet man Kirschwasser oder Rum – das macht den Kuchen haltbar. Zumindest war das die Ausrede der Großmutter meiner Freundin, die gerne mal ein bisschen mehr Rum verwendet hat.

 26 cm 12 Stk.  Zubereitungszeit: 30 Min. Backzeit: 40 Min. Kühlzeit: 60 Min.

LINZER TEIG:
180 g weiche Butter
180 g Zucker
1 Prise Salz
2 Eier
200 g Mehl
1 TL Backpulver
200 g gemahlene Haselnüsse
1 Messerspitze Nelken
2 EL Kakao
1 EL Zimt
½ TL getrockneter Ingwer
1 Prise Muskat
3 EL Kirschwasser oder Rum
(alternativ Milch)

ZUM BESTREICHEN:
200 g Pflaumenmus
3 EL Kirschwasser oder Rum

BACKFORMEN:
1 verstellbarer Backring (7 cm hoch)
Backfolie
Perforiertes Backblech

Zubereitung

7 Tage
einfrieren

1. Verrühre die Butter mit Zucker und Salz in 3-4 Minuten zu einer cremigen Masse. Rühre die Eier einzeln hinein. Füge nun die restlichen Zutaten hinzu und verrühre den Teig kurz. Stelle den Backring auf das mit Backfolie belegte Backblech und stelle ihn auf 26 cm ein.

2. Streiche ¾ des Teiges in den Backring und bestreiche ihn mit dem Pflaumenmus. Dieses kannst du vorher mit Rum oder Kirschwasser verrühren, oder auch weglassen. Streiche das Pflaumenmus nicht bis zum Rand, sondern lass einen 1 cm breiten Rand frei.

3. Fülle den restlichen Teig in einen Spritzbeutel mit großer Sterntülle und spritze damit 4-5 Längsstreifen auf das Pflaumenmus und 4-5 Querstreifen darüber, so dass ein Gittermuster entsteht.

4. Spritze mit dem restlichen Teig einen Rand und stelle den Kuchen für 60 Minuten in den Kühlschrank.

Heize den Ofen auf 170°C O/U auf und backe den Kuchen für 40 Minuten.

Käsekuchen

mit Vanillekipferl Boden

Dieser Käsekuchen ist besonders cremig. Das Rezept für die Füllung habe ich bereits seit Jahren nicht geändert. Der einzige Unterschied: Die Käsekuchenmasse liegt auf einem Vanillekipferl-Boden, der sehr mürbe ist und den Geschmack des Kuchens optimal unterstützt.

 Ø 26 cm 🍰 12 Stk. 🕐 Zubereitungszeit: 30 Min. 🧁 Backzeit: 80 Min. ❄ Kühlzeit: 120 Min.

MÜRBETEIG:
200 g kalte Butter
80 g Puderzucker
1 Prise Salz
1 TL Vanilleextrakt
250 g Mehl
100 g abgezogene,
gemahlene Mandeln

KÄSEKUCHENMASSE:
125 g Butter
200 g Zucker
5 Eier
Schale & Saft einer
unbehandelten Limette
500 g Quark
200 g saure Sahne
200 g Sahne
1 TL Vanilleextrakt
40 g Speisestärke

BACKFORMEN:
1 verstellbarer Backring (7 cm hoch)
Backfolie
Perforiertes Backblech

Zubereitung

MÜRBETEIG

1. Verknete die kalte Butter mit dem Puderzucker, Salz und Vanilleextrakt. Gib nun das Mehl und die Mandeln dazu, verknete die Zutaten rasch zu einem Mürbeteig und stelle ihn abgedeckt für mindestens 120 Minuten in den Kühlschrank.

2. Rolle den Teig auf einer bemehlten Backfolie oder einem Backpapierbogen etwa 6 mm dünn aus. Stelle deinen Tortenring auf 26 cm Größe ein und drücke den Ring in den Teig. Nimm die überschüssigen Teigstücke weg und forme sie zu langen, ca. 2 cm dicken Rollen.

3. Lege die Rollen an den Tortenring und drücke mit den Fingern einen etwa 5 cm hohen Rand entlang. Stelle den Teig für mindestens 30 Minuten kühl.

KÄSEKUCHENMASSE

4. Rühre in der Zwischenzeit die Käsekuchenmasse zusammen. Die Zutaten dafür sollen alle zimmerwarm sein.

5. Verrühre die Butter mit dem Zucker bis eine cremige, helle Masse entsteht. Rühre die Eier nacheinander ein. Reibe die Limettenschale ab und presse den Saft aus. Füge beides gemeinsam mit dem Quark, der sauren Sahne, der Sahne, dem Vanilleextrakt und der Speisestärke in die Käsekuchenmasse ein und vermenge die Zutaten so lange bis keine Klümpchen mehr zu sehen sind.

6. Fülle die Masse nun auf den vorbereiteten Teig und backe den Käsekuchen im vorgeheizten Ofen bei 175°C O/U für 80 Minuten. Schneide nach etwa 40-60 Minuten, wenn die Oberfläche etwas fest ist, vom Rand etwa 1 cm entfernt mit einem Messer in die Käsekuchenmasse ein, damit der Kuchen nicht aufreißt.

7. Lasse den Käsekuchen komplett abkühlen und stelle ihn für 1 Stunde in den Kühlschrank bevor du ihn anschneidest.

Kirsch-Mandelkuchen

mit Zimtstreuseln

Ein Kirschkuchen gehört bei uns fast zu jeder Geburtstagsfeier mit dazu. Der Kuchen ist schnell gemacht und schmeckt nahezu jedem. Das Grundrezept habe ich hier mit Mandeln im Mürbteig und mit einer Mandel-Marzipan-creme zwischen den Kirschen und den knusprigen Streuseln verfeinert. Das macht den Kuchen noch aromatischer.

 26 cm  12 Stk. Zubereitungszeit: 80 Min. Backzeit: 60 Min. ❄ Kühlzeit: 120 Min.

MANDEL-MÜRBETEIG:

250 g Mehl

50 g gemahlene Mandeln

150 g kalte Butter

75 g Zucker

1 Prise Salz

1 Ei

MANDELCREME:

40 g Marzipanrohmasse

1 Ei

1 EL Mandellikör oder -sirup

50 g Schmand

30 g gemahlene Mandeln

KIRSCHFÜLLUNG:

1 Glas Sauerkirschen

à ca. 440 g Abtropfgewicht

bei Bedarf Kirschsaft

50 g Stärke

Abrieb von 1 unbehandelten Orange

30 g Zucker

½ Zimtstange

ZIMTSTREUSEL:

150 g Mehl

100 g kalte Butter

100 g Zucker

50 g gehackte Mandeln

½ TL gemahlener Zimt

oder Zimtblüten

BACKFORMEN:

1 verstellbarer Backring (7 cm hoch)

Backfolie

Perforiertes Backblech

169

Zubereitung

4-5 Tage ❄ einfrieren

MANDEL-MÜRBETEIG

1. Verknete die Zutaten für den Mürbeteig schnell miteinander und stelle ihn abgedeckt für 1 Stunde kühl.

MANDELCREME

2. Reibe das Marzipan fein und verrühre es mit dem Ei und dem Mandelsirup oder –likör cremig. Füge Schmand und die Mandeln hinzu und rühre sie kurz ein. Decke die Creme ab und lasse sie quellen.

KIRSCHFÜLLUNG

3. Lass die Kirschen abtropfen und fange den Saft auf. Fülle den Kirschsaft bei Bedarf auf 600 ml auf. Verrühre 6 Esslöffel Kirschsaft mit der Stärke. Gieße den restlichen Saft in einen Topf und füge den Orangenschalenabrieb, Zucker und die Zimtstange hinzu. Lasse den Saft aufkochen und 3 Minuten köcheln. Füge die Kirschen und die Stärkemischung hinzu und lasse die Mischung nun erneut aufkochen. Ziehe sie vom Herd herunter und decke sie direkt an der Oberfläche mit Frischhaltefolie ab, damit sich keine Haut bildet. Lasse sie lauwarm abkühlen.

SETZE DEN KUCHEN ZUSAMMEN

4. Heize den Ofen auf 200°C O/U vor und stelle deinen Backring auf 26 cm ein. Knete den Teig kurz durch und rolle ihn auf der Backfolie etwa 4 mm dünn aus. Lege den Backring drauf und steche einen Kreis aus.
Nimm die übrigen Teigreste weg, knete sie zusammen und forme sie zu langen Rollen. Lege die Rollen an den Rand des Teiges und forme damit einen etwa 4 cm hohen Rand. Stich den Teig mehrmals mit einer Gabel ein. Backe ihn für 12 Minuten vor.

5. Entferne die Zimtstange aus der Kirschfüllung. Verteile die lauwarme Kirschfüllung gleichmäßig auf dem Teig und gieße die Mandelcreme darüber. Backe den Kuchen weitere 20 Minuten.

6. Verknete die Zutaten für die Streusel schnell miteinander und verteile die Streusel auf dem Kuchen. Backe ihn in 25-30 Minuten fertig bis die Oberfläche goldbraun ist. Lass den Kuchen komplett erkalten und bestreue ihn vor dem Servieren mit süßem Schnee.

Diplomatentorte

Nusstorte mit Schokoladenstreuseln und Ananasstücken

Die Diplomatentorte gehörte schon in meiner Kindheit zu meinen Lieblingstorten.
Sie ist von keiner Geburtstagsfeier wegzudenken. Traditionell wird sie zu besonderen Anlässen von meiner Cousine Nalan zubereitet. Als Teenager bekam ich von ihr das Rezept und bereite sie nun auch ohne besonderen Anlass gerne zu, weil sie super lecker schmeckt und einfach herzustellen ist. Die Kuppelform ist auch für Backeinsteiger geeignet. Die Ananas kann nach Wunsch durch andere Obstsorten ersetzt werden.

 ⌀ 24 cm | 12 Stk. | Zubereitungszeit: 30 Min. | Backzeit: 35 Min. | Kühlzeit: 5 Std.

RÜHR-ÖLTEIG:

3 Eier

150 g Zucker

½ TL Vanilleextrakt

1 Prise Salz

100 ml Mineralwasser

50 ml Öl

1 TL Zimt

1 TL Backpulver

125 g Mehl

100 g gemahlene Nüsse

150 g Schokoladenstreusel

QUARKCREME:

400 ml Sahne

4 TL Sanapart

250 g Quark

2 ½ TL Sanapart

30 g Puderzucker

1 Dose Ananasstücke

à 340 g Abtropfgewicht

BACKFORMEN:

1 Verstellbarer Backring (7 cm hoch)

Perforiertes Backblech

Zubereitung

2 Tage einfrieren

1. Stelle deinen Backring auf 24 cm ein und schlage ihn mit Backpapier ein. Heize den Ofen auf 175°C O/U vor.

RÜHR-ÖLTEIG

2. Verrühre die Eier mit dem Zucker, dem Vanilleextrakt und dem Salz so lange auf höchster Stufe bis die Masse weißschaumig ist. Rühre nun bei niedriger Stufe das Wasser und das Öl ein. Vermische Zimt, Backpulver und Mehl und siebe die Zutaten über die Eiermasse. Hebe die Mehlmischung und die gemahlenen Nüsse unter den Teig und fülle ihn zügig in den Tortenring. Backe den Teig für ca. 35 Minuten und lasse ihn anschließend komplett erkalten. Löse den Kuchenteig vom Tortenring.

3. Schneide einen 5 mm dünnen Deckel vom Kuchenteig ab und zerbrösele ihn in eine Schüssel. Vermische die Kuchenbrösel mit den Schokoladenstreuseln und stelle sie zur Seite.

QUARK-CREME

4. Lege den Tortenboden auf eine Tortenplatte. Gieße die Ananasstücke ab, lasse sie gut abtropfen und tupfe sie mit einem Küchentuch ab. Schlage die Sahne mit Sanapart steif. Verrühre Quark, Sanapart und Puderzucker und hebe die Sahne unter. Hebe danach vorsichtig die Ananasstücke unter.

5. Verstreiche die Creme kuppelförmig auf der Torte und belege sie mit der Streuselmischung. Stelle die Torte für mindestens 4 Stunden in den Kühlschrank.

Tipp ♡

Verfeinere die Streusel mit etwas Zimt.

Tipp ♡

Auf S. 59 erfährst du wie du die
Ananasblumen herstellen kannst.

Bananenschnitte

Saftiger Rührkuchen mit Bananencreme

Die Bananenschnitte gehört zu meinen absoluten Klassikern. Dieses Rezept habe ich in den Anfängen meiner Zeit als Youtuberin kreiert und es nach dem Nusszopf als zweites Rezept hochgeladen. Mit der Zeit habe ich die Rezeptur optimiert und finde die Bananenschnitte nun perfekt.

 25 x 25 cm 20 Stk. Zubereitungszeit: 45 Min. Backzeit: 35 Min. ❄ Kühlzeit: 4 Std.

RÜHRTEIG:
200 g weiche Butter
200 g Zucker
½ TL Vanilleextrakt
1 Prise Salz
4 Eier
100 g Schmand
200 g Mehl
50 g Stärke
20 g Kakao
1 Packung Backpulver
1 TL Zimt
1 Messerspitze gemahlene Nelken
100 g Vollmilchschokolade
250 g Bananen

CREME:
180 g Bananen
400 ml Sahne
4 TL Sanapart
100 g Schmand
500 g Quark
60 g Puderzucker
Saft einer Zitrone
1 Tüte Agaragar
100 ml Wasser

BELAG:
4-6 Bananen

GANACHE:
100 g Sahne
200 g Vollmilchschokolade
20 g Kokosfett

BACKFORMEN:
1 verstellbarer Backrahmen (7,5 cm hoch)
Backfolie
Perforiertes Backblech

Zubereitung

1. Stelle deinen Backrahmen auf 25 x 25 cm ein und stelle ihn auf dein mit der Backfolie belegtes Backblech. Heize den Ofen auf 170°C O/U vor.

RÜHRTEIG

2. Verrühre Butter mit Zucker, Vanilleextrakt und Salz in 3-4 Minuten cremig. Füge die Eier und den Schmand einzeln hinzu. Verrühre Mehl, Stärke, Kakao, Backpulver, Zimt und Nelken. Hacke die Schokolade fein und zerdrücke die Bananen mit einer Gabel.

3. Füge nun alle Zutaten dem Teig hinzu und verrühre ihn kurz. Fülle den Teig in den vorbereiteten Backrahmen, verstreiche ihn und backe ihn für etwa 35 Minuten. Lass ihn danach komplett abkühlen.

Tipp

Verwende ganz reife Bananen, da diese sehr süß schmecken. Reife Bananen erkennst du an den braunen Flecken auf der Bananenschale.

4. Halbiere den Teig einmal quer mit einer Tortensäge. Lege den unteren Boden auf einen Tortenretter und lege den sauberen Backrahmen außenherum.

BANANEN-CREME

5. Zerdrücke die Bananen mit einer Gabel und vermische sie mit Wasser und Agaragar in einem kleinen Topf. Lasse alles aufkochen und für mindestens 2 Minuten sprudelnd kochen.

Tipp

Das Aufkochen der Banane verhindert das Braunwerden.

🗄 2 Tage
❄ einfrieren

6. Schlage die Sahne mit Sanapart steif. Lege die Hälfte der Sahne für die Dekoration zur Seite. Verrühre Quark, Schmand, Puderzucker, Zitronensaft und Sanapart. Rühre 3-4 Esslöffel der restlichen Quarkcreme in das noch lauwarme Bananenpüree. Verrühre nun das Bananenpüree mit dem restlichen Quark und hebe die Sahne unter.

7. Halbiere die Bananen und lege sie auf den Tortenboden. Bedecke sie mit der Creme. Lege den zweiten Tortenboden auf und stell die Torte kühl.

SCHOKOLADENGANACHE

8. Brich die Schokolade in kleine Stücke. Lass die Sahne in einem kleinen Topf aufkochen und zieh den Topf danach vom Herd herunter. Füge die Schokolade und das Kokosfett hinzu und rühre so lange, bis alles geschmolzen ist.

9. Gieß die Ganache gleichmäßig auf die Torte und stell Sie für mindestens 3 Stunden in den Kühlschrank.

10. Entferne den Backrahmen und schneide die Bananenschnitte in 5 x 6 cm große Rechtecke. Fülle die restliche Sahne in einen Spritzbeutel mit großer Lochtülle und spritze jeweils einen Tupfen auf die Bananenschnitten und dekoriere sie mit Schokoladenspänen.

Prinzregententorte

mit Schokoladenbuttercreme

Die Prinzregententorte ist für Bayern wohl das, was die Sachertorte für Österreich ist. Sie besteht aus sieben Rührkuchenschichten und ist mit einer Schokoladenbuttercreme gefüllt. Der Namensgeber der Torte ist Luitpold, der Prinzregent von Bayern war. Wer genau die Torte kreierte ist unklar. Jedoch wird vermutet, dass die Anzahl der Böden die bayerischen Regierungsbezirke symbolisieren sollten. Zu Zeiten des Prinzregenten waren es acht, gegenwärtig sind es sieben und so habe ich in meinem Rezept sieben Schichten gebacken – unter anderem auch, weil die Zahl sieben meine Lieblingszahl ist. Wer jetzt denkt die Torte sei total zeitintensiv und umständlich, der täuscht sich. Die Böden sind in wenigen Minuten gebacken, weil man mehrere Böden gleichzeitig backt.

 26 cm  12 Stk. Zubereitungszeit: 60 Min. Backzeit: 21 Min. Kühlzeit: 48 Min.

RÜHRTEIG:
300 g weiche Butter
240 g Zucker
½ TL Vanilleextrakt
1 Prise Salz
6 Eier
350 g Mehl
2 TL Backpulver

SCHOKOLADENBUTTERCREME:
500 ml Milch
100 g Zucker
1 Prise Salz
1 TL Vanilleextrakt
40 g Stärke
1 Eigelb
100 g Zartbitterschokolade
300 g weiche Butter

ZUM FERTIGSTELLEN:
50 ml brauner Rum
200 g Zartbitterkuvertüre
50 g Kokosfett

BACKFORMEN:
1 verstellbarer Backring (7 cm hoch)
Perforiertes Backblech

Zubereitung

RÜHRTEIG

1. Heize den Ofen auf 180°C Umluft vor. Verrühre die Butter mit Zucker, Vanilleextrakt und Salz in 4-5 Minuten zu einer cremigen Masse. Rühre die Eier einzeln jeweils 1 Minute ein. Verrühre Mehl und Backpulver und rühre es kurz in den Teig ein.

2. Bereite 7 Bögen Backpapier oder Backfolie vor. Stelle den Backring auf 26 cm ein. Wiege den Teig mit einer Waage ab und teile ihn in exakt 7 gleich-schwere Teile. Setze den Backring auf ein Backpapier und streiche den Teig mithilfe einer kleinen Winkel-palette darin glatt. Nimm den Backring weg und streiche so alle 7 Böden möglichst glatt. Achte darauf, dass die Ränder nicht dünner sind als das Innere, damit diese beim Backen nicht zu hart werden.

Tipp ♡

Die Teige können auch mithilfe eines Dobos Ringes glattge-strichen werden. Die Anschaffung eines Dobos Ringes lohnt sich aber nur, wenn man regelmäßig damit backt. Die Alternative mit dem Backring funktioniert auch prima.

3. Backe jeweils 2 Böden gleichzeitig für 7 Minuten. Sie dürfen am Rand nicht dunkel werden, sondern sollen hell bleiben. Nimm sie nach dem Backen vom Backpapier herunter und lasse sie abkühlen.

SCHOKOLADENBUTTERCREME

4. Gib die Milch mit Zucker, Salz, Vanilleextrakt, Stärke und Eigelb in einen Topf und lasse die Mischung bei mittelhoher Hitze unter ständigem Rühren in 3-4 Minuten aufkochen. Nimm den Pudding vom Herd herunter und rühre die Schokolade ein, bis sie geschmolzen ist. Streiche den Pudding durch ein Sieb und decke ihn ddirekt an der Oberfläche mit Frischhaltefolie ab, damit sich keine Haut bildet. Lasse ihn zimmerwarm abkühlen. Rühre die Butter in 5-6 Minuten weißcremig und füge den Schokoladen-pudding esslöffelweise ein.

SETZE DIE TORTE ZUSAMMEN

4–5 Tage
einfrieren

5. Lege den ersten Tortenboden auf eine Torten-
platte und beträufle ihn nach Belieben mit Rum.
Der Rum kann auch weggelassen werden, gibt der
Torte aber auch ein tolles Aroma. Bestreiche den
Teig mit etwa 2 Esslöffeln Buttercreme und setze
den nächsten Boden auf.

6. Befülle so die komplette Torte.

7. Streiche die restliche Buttercreme an die
Oberseite und den Rand der Torte. Stelle sie für
60 Minuten kühl. Packe sie anschließend luftdicht
ein und stell sie für 2 Tage in den Kühlschrank,
damit sie durchziehen kann.

STELLE DIE TORTE FERTIG

8. Temperiere die Kuvertüre wie auf S. 35
beschrieben und rühre das Kokosfett ein.
Gieße die temperierte Kuvertüre über die Torte
und verstreiche sie mit einer Palette.

9. Drücke einen Torteneinteiler in die Torte, bevor
die Kuvertüre fest wird und kennzeichne mit einem
scharfen Messer die Tortenstücke. Dekoriere sie
mit Schokoladenspänen und schneide sie
anschließend mit einem heißen Messer an.

Käse-Sahne-Torte

mit Mandarinen

Eine lockere Käse-Sahne-Torte ist aus der deutschen Konditorei nicht wegzudenken. Während viele traditionelle Rezepte bei der Käse-Sahne-Masse auf Eier zurückgreifen, verzichte ich gerne in der Creme auf rohe Eier und bereite sie stattdessen mit mehr Sahne und Quark zu. Geschmacklich macht das wohl nur einen minimalen Unterschied. Die Torte schmeckt sowohl im Sommer als auch im Winter wunderbar frisch und lässt sich nach Wunsch mit oder ohne Obst zubereiten.

 26 cm  12 Stk. Zubereitungszeit: 60 Min. Backzeit: 45 Min. Kühlzeit: 4 Std.

WIENER MASSE:

7 Eier

240 g Zucker

1 Prise Salz

½ TL Vanilleextrakt

200 g Mehl

50 g Stärke

60 g zerlassene Butter

FÜLLUNG:

1 Dose Mandarinen

à 175 g Abtropfgewicht

600 ml Sahne

6 TL Sanapart

500 g Quark

6 TL Sanapart

30 g Puderzucker

1 TL Vanilleextrakt

Abrieb von 1 unbehandelten Zitrone

ZUM BESTÄUBEN:

süßer Schnee

BACKFORMEN:

1 verstellbarer Backring (10 cm hoch)

Backfolie

Perforiertes Backblech

Zubereitung

1-2 Tage

einfrieren

WIENER MASSE

1. Bereite die Wiener Masse wie im Grundrezept auf S. 69 beschrieben zu. Schneide sie nach dem vollständigen Abkühlen am nächsten Tag einmal waagerecht durch. Stürze die Torte und verwende den Boden als Tortendeckel.
Schneide diesen in 12 gleichgroße Kuchenstücke.

2. Lasse die Mandarinen gut abtropfen und lege 12 schöne Mandarinenstücke für die Dekoration zur Seite. Schlage die Sahne mit Sanapart steif. Verrühre Quark mit Sanapart, Puderzucker, Vanilleextrakt und dem Zitronenschalenabrieb und hebe die Sahne unter. Lege 6 Esslöffel der Creme für die Dekoration zur Seite und hebe anschließend die Mandarinen unter die restliche Creme.

Tipp ♡

Statt der Mandarinen können auch Pfirsiche, Aprikosen oder auch anderes Obst verwendet werden. Im Winter bestreue ich die Torte gerne mit etwas Zimt.

3. Lege den unteren Tortenboden auf eine Tortenplatte und umschließe ihn mit einem sauberen Backring. Fülle ihn mit der Käsesahne, setze die Tortenstücke auf die Torte und drücke sie leicht fest. Stelle die Torte für mindestens 4 Stunden kühl.

4. Entferne den Tortenring und bestreue die Torte mit süßem Schnee. Fülle die restliche Sahne in einen Spritzbeutel mit großer Sterntülle und setze Tupfen auf die Tortenstücke. Dekoriere sie mit den restlichen Mandarinen.

Himmelstochter-Torte

mit Baiser, gebräunten Mandeln und einer fruchtigen Füllung

Das Rezept ist angelehnt an ein ganz altes Rezept von meiner Freundin Angelika. Ich weiß nicht genau woher die Torte ihren Namen hat. Man kennt sie auch unter den Bezeichnungen „Baiser-Sahne-Torte" oder auch „Engelstorte". Wer die Torte aber schon einmal gegessen hat, kann sich wahrscheinlich vorstellen, weshalb sie den Namen „Himmelstochter" trägt. Die Torte schmeckt locker und himmlisch leicht. Sie verführt dazu auch mal ein Stück mehr zu essen.

Ø 24 cm · 12 Stk. · Zubereitungszeit: 55 Min. · Backzeit: 2 x 30 Min. · Kühlzeit: 4 Std.

RÜHRTEIG:
100 g weiche Butter
100 g Zucker
½ TL Vanilleextrakt
1 Prise Salz
4 Eigelb
125 g Mehl
1 TL Backpulver
5 EL Milch
Abrieb von 1 unbehandelten Zitrone

BAISER:
4 Eiweiß
1 Prise Salz
200 g Zucker
80 g Mandelblättchen

FÜLLUNG:
400 g Sahne
4 TL Sanapart
250 g Quark
3 TL Sanapart
1 Dose Mandarinen
á 175 g Abtropfgewicht

DEKORATION:
Süßer Schnee

BACKFORMEN:
2 verstellbare Backringe (7 cm hoch)
Backfolie
Perforiertes Backblech

Zubereitung

1 Tag
einfrieren

RÜHRTEIG

1. Heize den Ofen auf 180°C O/U vor. Stelle zwei Backringe auf jeweils 24 cm ein und stelle sie auf ein mit Backfolie belegtes Backblech. Verrühre die Butter mit Zucker, Vanilleextrakt und Salz in 3-4 Minuten zu einer cremigen Masse.

2. Rühre das Eigelb einzeln dazu. Vermische Mehl und Backpulver und rühre die Zutaten mit der Milch und dem Zitronenschalenabrieb kurz in den Teig ein. Verteile jeweils die Hälfte des Teiges in den Backrahmen und streiche den Teig glatt.

BAISER

3. Schlage das Eiweiß mit dem Salz in einer sauberen Schüssel steif. Füge den Zucker langsam hinzu und rühre etwa 5 Minuten weiter, so dass sich der Zucker lösen kann. Streiche jeweils die Hälfte des Baisers auf den Teig und drücke mit dem Teigschaber kleine Wellen ein. Bestreue den Baiser mit den Mandelblättchen. Backe die Teige für jeweils 30 Minuten und lass sie dann komplett abkühlen.

FÜLLUNG

4. Lass die Mandarinen gut abtropfen und tupfe sie trocken. Schlage die Sahne mit Sanapart steif. Verrühre den Quark mit Sanapart und hebe die Sahne unter. Setze einen Teigboden auf eine Tortenplatte und streiche die Creme darauf, lass dabei etwa 4 Esslöffel der Creme übrig.

5. Verteile die Mandarinen darüber, bestreiche sie mit der restlichen Creme und lege den zweiten Tortenboden auf.

Stell die Torte für mindestens 3 Stunden kühl.

Tipp ♡

Schneide den zweiten Teigboden in 12 Kuchenstücke und lege sie dann erst auf die Torte. So lässt sich die Torte besser anschneiden. Bestreue die Torte vor dem Servieren mit süßem Schnee.

Tiramisu Torte

mit selbst gemachten Löffelbiskuits

Es gibt wohl niemanden, der dieses köstliche, cremige, italienische Dessert nicht kennt. Mein Mein allererstes Tiramisu habe ich bei meiner italienischen Schwägerin Daniela gegessen, die es bis heute noch nach einem traditionellen Familienrezept zubereitet. Im Original werden Eier in die Mascarponecreme gerührt, welche die Füllung noch cremiger machen. Bei meiner Torte verzichte ich auf die Eier, um die Torte länger haltbar zu machen. Die Löffelbiskuits sind selbst gemacht und dafür bedarf es kein besonderes Werkzeug. Die Löffelbiskuits und auch der Biskuitteig werden mit einer Espresso-Amaretto-Mischung getränkt. Natürlich kann die Torte auch alkoholfrei zubereitet werden.

 26 cm 12 Stk. Zubereitungszeit: 80 Min. Backzeit: 30 Min. Kühlzeit: 6 Std.

BISKUITTEIG:

8 Eiweiß (ca. 240 g)

1 Prise Salz

120 g Zucker

8 Eigelb (ca. 160 g)

60 g Zucker

½ TL Vanilleextrakt

190 g Mehl

ZUM BESTÄUBEN:

70 g Puderzucker

MASCARPONECREME:

500 g Mascarpone

250 g Quark

150 g Puderzucker

8 TL Sanapart

400 g Sahne

4 TL Sanapart

KAFFEETRÄNKE:

200 ml kalter starker Kaffee

(z. B. Espresso)

50 ml Mandellikör oder Mandelsirup

DEKORATION:

40 g Kakao

BACKFORMEN:

1 verstellbarer Backring (10 cm hoch)

Backfolie

Perforiertes Backblech

Zubereitung

BISKUITTEIG

1. Heize den Ofen auf 190°C Umluft vor. Rühre das Eiweiß mit dem Salz steif. Füge den Zucker langsam hinzu und rühre weitere 2 Minuten bis sich der Zucker etwas aufgelöst hat.

2. Verrühre das Eigelb mit dem Zucker und Vanilleextrakt für etwa 5 Minuten, bis die Masse cremig ist. Siebe das Mehl hinein und hebe es vorsichtig unter. Hebe zuerst die Hälfte des Eischnees mit einem Schneebesen unter und hebe danach den Rest vorsichtig unter.

3. Befülle einen Spritzbeutel mit großer Lochtülle mit der Biskuitmasse und spritze nun etwa 7 cm lange Stränge auf ein Backpapier. Lass jeweils etwa 3 cm Platz zwischen ihnen. Spritze so etwa 100 Löffelbiskuits und siebe anschließend Puderzucker darüber. Das bewirkt, dass die Löffelbiskuits Farbe annehmen.

4. Backe alle Bleche gemeinsam im Ofen für 5-6 Minuten bis sie goldbraun sind. Klemme hierbei einen Kochlöffel in die Ofentür, damit die Feuchtigkeit entweichen kann.

Fülle den restlichen Biskuitteig in den Backring und bestreue ihn mit Puderzucker. Stelle den Ofen auf 200°C O/U um und backe den Teig für etwa 10 Minuten. Lass den Biskuitboden und die Löffelbiskuits vollständig erkalten.

MASCARPONECREME

5. Verrühre die Mascarpone mit Quark, Puderzucker und Sanapart. Schlage die Sahne mit Sanapart steif und hebe sie unter die Mascarponecreme.

KAFFEETRÄNKE

6. Verrühre den Espresso mit dem Mandellikör oder -sirup.

SETZE DIE TORTE ZUSAMMEN

7. Setze den Biskuitboden auf eine Tortenplatte und spanne einen Tortenring herum.

8. Tränke den Biskuit mit etwa ein Drittel des Espressos. Streiche ein Viertel der Mascarpone-Creme darüber und lege nun eine Schicht Löffelbiskuits dicht nebeneinander auf die Creme. Tränke die Löffelbiskuits mit dem restlichen Espresso. Streiche erneut etwa ein Viertel der Creme darüber.

9. Fülle die restliche Creme in einen Spritzbeutel mit großer Lochtülle und spritze auf die gesamte Oberfläche von außen beginnend Tupfen. Stell die Torte mindestens 4 Stunden kühl.

10. Entferne den Tortenring. Schneide die Löffelbiskuits an einer Seite gerade und klebe sie an den Rand der Torte.

11. Bestreue die Torte kurz vor dem Servieren mit Kakao.

Tipp ♡

Die selbst gemachten Löffelbiskuits kannst du luftdicht verpackt mehrere Wochen lagern.

Croque en Bouche

Windbeuteltorte mit Karamell

Croque en Bouche – auf deutsch „Kracht im Mund" ist eine Torte aus der französischen Patisserie. Sie wird so bezeichnet, weil die mit Karamell zusammengeklebten Windbeutel, die Profiteroles, im Mund krachen, wenn man auf das Karamell beißt. Die Windbeutel sind mit einer Konditorcreme befüllt und werden zu einer Pyramide getürmt. In Frankreich bereitet man die Torte häufig zu festlichen Anlässen, wie beispielsweise zu Hochzeiten zu. Die Gäste können sich dann die einzelnen Windbeutel abbrechen und vernaschen. Die Windbeutel werden aus einem Brandteig hergestellt. Ich habe bereits ganz früh schon Erfahrungen mit Brandteig gemacht, da meine große Schwester Ayshe schon immer ihre berühmten Windbeutel und Schwäne zu unseren Geburtstagsfeiern gebacken hat.

 20 cm 10-30 Stk. Zubereitungszeit: 90 Min. Backzeit: 20 Min. Kühlzeit: 60 Min.

BRANDTEIG:
60 g Butter
250 ml Wasser
1 Prise Salz
200 g Mehl
3-4 Eier

KONDITORCREME:
500 ml Milch
60 g Zucker
1 TL Vanilleextrakt
40 g Stärke
4 Eigelb
200 g Sahne
2 TL Sanapart

KARAMELL:
300 g Isomalt oder Zucker

BACKFORMEN:
Perforiertes Backblech
Backfolie

Zubereitung

BRANDTEIG

1. Heize den Ofen auf 200°C O/U vor.
Gib das Wasser mit Butter und Salz in einen kleinen
Topf und lass es aufkochen. Schütte das Mehl auf
einmal hinzu und rühre kräftig mit einem Backlöffel
bis sich der Teig zu einem Klumpen verbindet.
Rühre so lange, bis sich eine weiße Schicht am
Topfboden bildet. Fülle den Teig in eine größere
Schüssel um und rühre ein Ei nach dem anderen ein.
Der Teig muss glänzen und lange Spitzen ziehen.

2. Fülle den Teig in einen Spritzbeutel mit großer
Lochtülle und spritze kleine, etwa walnussgroße
Tupfer auf die Backfolie.

3. Bestreiche sie großzügig mit Wasser und
backe sie für 20 Minuten bis sie goldbraun sind.
Lass sie komplett abkühlen.

Tipp ♡

Mehr Tipps über Brandteig
findest du auf S. 73 bei den
Grundrezepten.

KONDITORCREME

4. Verrühre Milch, Zucker, Vanilleextrakt, Stärke
und die Eigelbe mit einem Schneebesen in einem
Topf und stelle den Herd auf mittlere Stufe.
Rühre nun so lange, bis die Masse einmal aufgekocht ist. Zieh sie vom Herd herunter, streiche sie
durch ein Sieb und decke sie direkt an der Oberfläche mit Frischhaltefolie ab, damit sich keine Haut
bildet. Lass Sie auf Zimmertemperatur abkühlen.

5. Schlage die Sahne mit Sanapart steif. Rühre die abgekühlte Konditorcreme mit einer Küchenmaschine cremig und hebe die Sahne unter. Fülle die Creme in einen Spritzbeutel mit Fülltülle und befülle die Windbeutel damit, indem du sie unten oder seitlich einstichst.

KARAMELL

6. Schmilz das Isomalt in einer Pfanne bei mittelhoher Hitze und erwärme es so lange, bis es karamellfarben ist. Zieh die Pfanne vom Herd herunter und lass das Karamell 1-2 Minuten abkühlen.

8. Klebe die restlichen Windbeutel so an, dass ein Turm entsteht.

9. Beträufle die Torte mit dem restlichen Karamell und ziehe mit einem Löffel Fäden. Dekoriere die Torte nach Belieben mit Gold- und Silberperlen.

7. Tauche die Windbeutel nun mit einer Seite VORSICHTIG in das heiße Karamell und setze die erste Schicht kreisrund auf eine Tortenplatte. Die Windbeutel werden hierbei aneinander geklebt.

Tipp ♡

Die Torte sollte am gleichen Tag verzehrt werden und muss trocken gelagert werden, damit das Karamell keine Feuchtigkeit zieht. Möchte man einen Teil vorbereiten, kann man die Windbeutel bereits am Vortag backen, die Creme zubereiten und am Tag des Verzehrs füllen und die Torte türmen.

199

Moderne Torten

Zu den modernen Torten gehören für mich diejenigen Torten, die geschmacklich und optisch ausgefallen sind. Die Bandbreite reicht von einer leichten Pavlova-Torte mit Baiser, über eine Pfirsich-Maracuja-Torte mit raffinierter Wickeltechnik bis hin zu einer flambierten Zitronenkäsekuchentorte. Beim Erstellen der Rezepte war mir wichtig, dass bei den Torten verschiedene Komponenten und Texturen vereint werden, damit diese beim Verzehr möglichst viele Sinne ansprechen.

Limettentorte

mit Erdbeeren

Sommergefühle entstehen beim Anblick dieser Torte. Der grüne Limetten-Teig wird mit einer Erdbeercreme gefüllt und gestapelt. Kurz vor dem Servieren wird die Torte mit Erdbeersoße und Erdbeeren dekoriert.

Ø 20 cm 🍰 8 Stk 🕐 Zubereitungszeit: 70 Min. 🧁 Backzeit: 40 Min. ❄ Kühlzeit: 5 Std.

RÜHR-ÖLTEIG:

4 Eier

200 g Zucker

1 Prise Salz

½ TL Vanilleextrakt

200 ml Öl

200 ml Mineralwasser

300 g Mehl

2 TL Backpulver

Abrieb von 2 unbehandelten

Limetten grüne und gelbe

Lebensmittelfarbpaste

ERDBEERCREME:

300 g Erdbeeren

Saft von ½ Zitrone

50 g Zucker

10 g Agaragar

400 ml Schlagsahne

4 TL Sanapart

800 g Frischkäse

8 TL Sanapart

100 g Puderzucker

Saft von 1,5 Limetten

ERDBEERSOSSE:

220 g Erdbeeren

Saft von ½ Limette

50 g Zucker

BACKFORMEN:

2 Backringe (Ø 20 cm)

Perforiertes Backblech

Zubereitung

🧊 2 Tage
❄ einfrieren

RÜHR-ÖLTEIG

1. Heize den Ofen auf 170°C O/U vor und schlage die Backringe in Backpapier ein. Verrühre die Eier mit Zucker, Salz und Vanilleextrakt in 4-5 Minuten zu einer weißcremigen Masse. Rühre ein paar Tropfen gelbe und grüne Lebensmittelfarbpaste sowie Öl und Wasser bei niedriger Stufe hinzu. Vermische das Mehl mit Backpulver, siebe es und hebe es gemeinsam mit dem Limettenabrieb unter den Teig. Verteile jeweils die Hälfte des Teiges in einen Backring und streiche den Teig am Rand etwas hoch. Backe die Teige für etwa 40 Minuten und lass sie dann komplett abkühlen. Schneide sie nach dem Abkühlen jeweils einmal durch.

ERDBEERCREME

2. Püriere die Erdbeeren mit dem Zitronensaft und Zucker. Vermische das Erdbeerpüree mit dem Agaragar und lasse es in einem Topf auf höchster Stufe aufkochen und 2 Minuten lang sprudelnd kochen. Nimm das Püree wieder vom Herd herunter und lass es lauwarm abkühlen.

3. Schlage die Sahne mit Sanapart steif. Verrühre Frischkäse, Sanapart, Puderzucker und den Limettensaft. Rühre 2-3 Esslöffel der Frischkäsecreme in das lauwarme Erdbeerpüree ein, damit es temperiert wird. Verrühre nun die restliche Frischkäsecreme mit dem Erdbeerpüree und hebe die Sahne unter.

SETZE DIE TORTE ZUSAMMEN

4. Fülle die Erdbeercreme in einen Spritzbeutel mit großer Lochtülle. Lege den ersten Tortenboden auf eine Tortenplatte und spritze die Creme gleichmäßig auf den Teig. Verstreiche ihn mit einer Winkelpalette und setze den zweiten Boden auf.

5. Fülle so die gesamte Torte und bestreiche sowohl die Oberfläche, als auch den Rand der Torte mit der Creme. Stell sie 4 Stunden in den Kühlschrank.

ERDBEERSOSSE

6. Püriere die Erdbeeren mit Zucker und Limettensaft und lass das Püree bei mittlerer Stufe im Topf einkochen, bis es dickflüssig wird. Lasse die Soße abkühlen und stelle sie für 1 Stunde in den Kühlschrank.

7. Übergieße die Torte erst kurz vor dem Servieren mit der Erdbeersoße und dekoriere sie mit halbierten Erdbeeren.

Waldfrucht-Torte

mit Vanillequark und Fruchtspiegel

Der samtig weiche Schokoladenteig ist mit einem Vanillequark bestrichen.
Der Vanillequark wird durch einen hübschen Fruchtspiegel und frischen Waldfrüchten ergänzt.

 24 cm 12 Stk Zubereitungszeit: 50 Min. Backzeit: 25 Min. ❄ Kühlzeit: 4 Std.

SCHOKOLADENTEIG:

2 Eier

100 g Zucker

1 Prise Salz

½ TL Vanilleextrakt

40 g Butter

50 g Zartbitterschokolade

100 g Mehl

30 g Kakao

1 TL Backpulver

100 ml Milch

1 heißer Espresso

VANILLEQUARK-CREME:

200 g Sahne

2 TL Sanapart

250 g Mascarpone

250 g Magerquark

1 TL Vanilleextrakt

50 g Puderzucker

8 TL Sanapart

DEKORATION:

50 g Brombeeren

50 g Himbeeren

50 g Erdbeeren

FRUCHTSPIEGEL:

100 g Himbeeren

100 g Brombeeren

100 g Erdbeeren

2 EL Zucker

nach Belieben 1 EL Fruchtlikör

5 g Agaragar

BACKFORMEN:

1 verstellbarer Backring (10 cm hoch)

Perforiertes Backblech

Zubereitung

SCHOKOLADENTEIG

1. Stelle deinen Tortenring auf 24 cm Durchmesser ein und schlage ihn mit Backpapier ein. Verrühre die Eier mit Zucker, Salz und Vanilleextrakt mit dem Schneebesen der Küchenmaschine für etwa 4 Minuten bis die Masse weißcremig ist.

2. Schmilz in der Zwischenzeit die Butter und die Schokolade bei mittlerer Stufe in einem Topf oder in der Mikrowelle und rühre immer mal wieder um. Vermische Mehl, Kakao und Backpulver und siebe die Zutaten in den Teig.

3. Vermische Milch und Espresso und füge die Zutaten gemeinsam mit der Schokoladen-Butter-Mischung zum Teig hinzu und rühre bei niedriger Stufe nur noch so lange, bis der Teig verbunden ist.

4. Fülle den Teig in den Tortenring und backe ihn im vorgeheizten Ofen bei 175°C O/U für etwa 25 Minuten. Lasse ihn anschließend komplett erkalten. Löse den Tortenring nicht vom Teig.

VANILLEQUARK-CREME

5. Schlage die Sahne mit Sanapart steif. Verrühre die Mascarpone mit Magerquark, Vanilleextrakt, Puderzucker und Sanapart so lange, bis alle Zutaten verbunden sind. Hebe die Sahne mit dem Schneebesen unter. Streiche die Vanillequark-Creme auf den abgekühlten Tortenboden. Stelle die Torte kühl.

FRUCHTSPIEGEL & DEKORATION

6. Püriere die Himbeeren, Brombeeren und Erdbeeren mit dem Zucker. Streiche das Fruchtpüree durch ein feines Haarsieb und fülle es dann in einen Topf. Rühre das Agaragar und nach Belieben den Likör ein. Lass das Fruchtpüree aufkochen und für mindestens 2 Minuten sprudelnd kochen.

8. Lasse das Fruchtpüree lauwarm abkühlen und gieße es dann auf die Vanillequark-Creme. Dann verteile es.

9. Stelle die Torte für 3 Stunden in den Kühlschrank und dekoriere sie anschließend mit den bunten Früchten.

Tipp ♡

Für den Fruchtspiegel kannst du auch tiefgekühlte Früchte verwenden. Diese solltest du vor der Zubereitung auftauen lassen.

Schneetorte

mit Himbeerfüllung

Die Schneetorte schmeckt sowohl im Sommer, als auch im Winter gut.
Die fruchtige Himbeerfüllung ist leicht aromatisiert mit Zitrone und Zimt.
Sie passt gut zum luftigen Mandelboden. Die Schneeoptik bekommt die
Torte durch die zerkleinerten Baiserstücke.

 24 cm 12 Stk Zubereitungszeit: 90 Min. Backzeit: 35 Min. Kühlzeit: 4 Std.

WIENER MANDELBODEN:

4 Eier

130 g Zucker

½ TL Vanilleextrakt

1 Prise Salz

100 g Mehl

40 g Stärke

50 g gemahlene Mandeln

40 g Butter, zerlassen

1 EL Mandellikör oder -sirup

HIMBEERFÜLLUNG:

25 g Stärke

200 ml Kirschsaft

350 g Himbeeren (tiefgekühlt)

4 EL Mandellikör oder -sirup

1 TL Vanilleextrakt

1 Zimtstange

Abrieb von 1 unbehandelten Zitrone

30 g Zucker

DEKORATION:

100 g weiße Baiserstücke

40 g weiße Modellierschokolade

weiße Kristallpulverfarbe

MASCARPONE-CREME:

200 ml Sahne

2 TL Sanapart

500 g Mascarpone

250 g Quark

50 g Puderzucker

1 TL Vanilleextrakt

8 TL Sanapart

BACKFORMEN:

1 verstellbarer Backring (7 cm hoch)

1 Backfolie

1 perforiertes Backblech

Zubereitung

SCHNEEFLOCKEN

1. Knete die Modellierschokolade weich und rolle sie dünn aus. Stich mit einem Ausstecher Schneeflocken aus und bepinsle sie mit der weißen Kristallpulverfarbe. Lasse sie aushärten.

WIENER MANDELBODEN

2. Heize den Ofen auf 170°C O/U vor. Stelle den Backring auf das mit Backfolie belegte Backblech. Verrühre die Eier mit Zucker, Vanilleextrakt und Salz in einer Metallschüssel und erwärme alles in einem warmen Wasserbad etwa 5 Minuten lang auf 45°C unter ständigem, langsamen Rühren. Nimm die Schüssel vom Wasserbad herunter und rühre auf mittelhoher Stufe die Eiercreme in etwa 20 Minuten wieder kalt. Verrühre das Mehl mit Stärke und siebe es. Hebe es gemeinsam mit den gemahlenen Mandeln unter den Teig. Erhitze die Butter in einem kleinen Topf und rühre 4-5 Esslöffel des Teiges in die Butter. Verrühre dann die Butter und den Mandellikör vorsichtig mit dem Teig. Fülle ihn in die Backform und backe ihn für etwa 35 Minuten. Lass den Teig komplett abkühlen und schneide ihn einmal waagerecht durch. Lege den unteren Tortenboden auf eine Tortenplatte.

HIMBEERFÜLLUNG

3. Verrühre die Stärke mit 2 Esslöffeln Saft. Lasse die Himbeeren auftauen und verrühre sie mit dem Mandellikör, dem restlichen Kirschsaft, Vanilleextrakt, der Zimtstange und dem Zitronenschalenabrieb. Lasse die Zutaten kurz aufkochen und ziehe den Topf vom Herd herunter. Lasse sie 10 Minuten stehen, damit sich die Aromen verbinden.

4. Füge den Zucker hinzu und lasse die Zutaten erneut aufkochen. Rühre die Stärkemischung ein und lasse sie eine halbe Minute lang aufkochen. Ziehe den Topf vom Herd herunter und lass die Himbeerfüllung lauwarm abkühlen.

5. Entferne die Zimtstange und streiche die Himbeerfüllung auf den unteren Tortenboden. Lasse hierbei einen 1 cm breiten Rand frei. Stelle die Torte für 30 Minuten in den Kühlschrank. Lege einen Backring außenherum.

MASCARPONE-CREME

6. Schlage die Sahne mit Sanapart steif. Verrühre die Mascarpone mit Quark, Puderzucker, Vanilleextrakt und Sanapart. Hebe die Sahne unter. Streiche die Hälfte der Creme auf die Kirschfüllung und verteile sie vorsichtig. Leg den zweiten Teig auf und drücke ihn vorsichtig fest. Streiche die Hälfte der übrigen Creme auf die Oberfläche und stelle die Torte für mindestens 2 Stunden kühl.

3 Tage
einfrieren

DEKORIERE DIE TORTE

7. Entferne den Backring und streiche die übrige Creme an den Rand der Torte.

8. Zerkleinere die Baiserstücke grob mit einem Ausrollstab und streue sie kurz vor dem Servieren auf die Torte. Dekoriere sie mit den Schneeflocken.

Mandeltårta

Schwedische Mandeltorte

Die Schwedische Mandeltorte, auch Almondy genannt, wird in Schweden oftmals zur Osterzeit serviert. Sie kombiniert leichte Mandelböden mit einer goldgelben Creme und gehobelten und gebräunten Mandeln. Die Torte schmeckt leicht und hat ein feines Mandelaroma. Der Teig wird komplett ohne Mehl zubereitet. Daher ist die Torte glutenfrei.

 Ø 24 cm   10 Stk   Zubereitungszeit: 30 Min.   Backzeit: 20 Min.   Kühlzeit: 30 Min.

MANDELTEIG:
5 Eiweiß
1 Prise Salz
120 g Zucker
200 g gemahlene Mandeln

GOLDGELBE CREME:
200 g Sahne
5 Eigelb
100 g Zucker
2 EL Mandelsirup oder -likör
150 g weiche Butter

DEKORATION:
100 g Mandelblättchen

BACKFORM:
Perforiertes Backblech

Zubereitung

🗄 3 Tage
❄ einfrieren

MANDELTEIG

1. Heize den Ofen auf 170°C Umluft vor. Zeichne auf die Rückseite von zwei Backpapierbögen jeweils einen Kreis mit 24 cm Durchmesser. Lege die bemalte Seite des Backpapiers auf das Backblech. Schlage das Eiweiß mit dem Salz steif. Rühre den Zucker langsam ein und rühre etwa 5 Minuten weiter, bis sich der Zucker aufgelöst hat. Hebe die Mandeln vorsichtig unter. Fülle den Teig in einen Spritzbeutel mit großer Lochtülle. Fülle die vorgezeichneten Teigkreise mit dem Mandelteig aus, beginne mit dem Spritzen von außen nach innen. Streiche die Teige vorsichtig mit einer Winkelpalette glatt. Backe beide Böden gleichzeitig im Ofen für 20-25 Minuten. Die Teige sollen hell bleiben, führe deshalb nach 20 Minuten bereits eine Stäbchenprobe durch, damit sie nicht zu hart und trocken werden. Nimm sie aus dem Ofen und lass sie abkühlen.

GOLDGELBE CREME

2. Verrühre die Sahne mit dem Eigelb, Zucker und Mandelsirup oder -likör in einem kleinen Topf. Stell den Herd auf mittelhohe Hitze und rühre etwa 5-10 Minuten, bis die Creme eindickt. Sie darf einmal kurz aufkochen. Nimm sie vom Herd herunter und decke sie an der Oberfläche direkt mit Frischhaltefolie ab, damit sich keine Haut bildet. Lasse sie zimmerwarm abkühlen.

3. Verrühre die Butter in 4-5 Minuten weißcremig. Rühre die goldgelbe Creme esslöffelweise ein.

4. Lege die beiden Teigböden übereinander und stelle einen Backring etwas kleiner ein als die Böden. Schneide vom Rand etwa 2-3 mm weg, um die harten Ränder zu entfernen.

DEKORATION

5. Röste die Mandelblättchen in der Zwischenzeit in einer Pfanne ohne Fett und lass sie abkühlen. Umhülle die Torte mit den Mandelblättchen und lass die Torte für 1 Stunde im Kühlschrank ruhen.

Pavlova

Baiser mit Früchten

Pavlova ist eine mit Sahne und Früchten gefüllte Torte aus Baisermasse, die in Australien und Neuseeland als Nationalgericht angesehen wird. Die Torte wurde nach der russischen Ballerina Anna Pawlowa benannt, die Ende der 1920er Jahre in beiden Ländern Auftritte hatte. Die Torte schmeckt so luftig und leicht, dass man sie mit dem leichten Tutu der Ballerina vergleichen kann. Das Besondere bei der Pavlova Torte ist, dass die äußere Schicht des Baisers trocknet und das Innere weich bleibt.

 30 cm 8 Stk Zubereitungszeit: 30 Min. Backzeit: 90 Min. ❄ Kühlzeit: 120 Min.

BAISER:
4 Eiweiß
1 Prise Salz
200 g Zucker
1 TL Stärke

SIRUP:
50 ml Kirschsaft
2 EL Zucker
nach Belieben 2 EL Mandellikör

ZUM FÜLLEN:
400 g Sahne
4 TL Sanapart
100 g Erdbeeren
100 g Brombeeren
100 g Johannisbeeren
100 g Physalis
100 g Heidelbeeren

BACKFORM:
Perforiertes Backblech

Zubereitung

BAISER

1. Stelle den Ofen auf 90°C Umluft. Schlage das Eiweiß mit dem Salz steif. Rühre den Zucker langsam hinzu und rühre weitere 5-10 Minuten, bis der Zucker aufgelöst ist. Hebe die Stärke unter. Fülle das Baiser in einen Spritzbeutel mit großer Sterntülle.

2. Spritze zwei Platten mit 7 cm Breite und 30 cm Länge auf Backpapier. Trockne die Baiserplatten im Ofen für etwa 90 Minuten und stecke währenddessen einen Kochlöffel zwischen die Tür, damit die Feuchtigkeit entweichen kann. Sie müssen sich an der Oberfläche trocken anfühlen und sich leicht vom Papier lösen lassen. Lass sie abkühlen.

Tipp ♡

Spritze aus der übrigen Baisermasse kleine Baisers. Eine Anleitung findest du auf S. 101.

SIRUP

3. Verrühre den Kirschsaft mit Zucker und nach Belieben Mandellikör in einem Topf und lasse ihn etwa 5 Minuten einkochen, bis er eindickt und kleine Bläschen bildet. Lasse ihn vollständig abkühlen.

FÜLLUNG

4. Schneide die Erdbeeren in Viertel und halbiere die Physalis.

5. Schlage die Sahne mit Sanapart steif. Fülle sie in einen Spritzbeutel mit großer Sterntülle. Setze die erste Baiserplatte auf eine Tortenplatte und spritze die Sahne in kreisenden Bewegungen darauf. Setze die bunt gemischten Früchte darauf und setze die zweite Platte auf. Bespritze diese mit der restlichen Sahne und dekoriere sie mit den Früchten.

6. Stell die Torte für 2 Stunden in den Kühlschrank.

7. Schneide die Torte zum Anrichten in Stücke und serviere sie mit dem Sirup.

Tipp ♡

Die Baiserplatten können bereits Tage im voraus vorbereitet und getrocknet werden. Sie halten sich ohne Füllung luftdicht verpackt mehrere Tage. Sobald die Torte gefüllt ist, sollte sie verzehrt werden, da sie ansonsten durchweicht.

221

Espressotorte

mit Schokolade

Diese Torte ist eine von Murats Lieblingstorten. Er liebt Espresso, Kaffee, Schokolade und Karamell. Da treffe ich mit dieser Torte genau seinen Geschmack. Der dunkle Schokoladenteig schmeckt ganz dezent nach Kaffee, wird dann aber mit einem Espresso-Sirup mit Kardamomaroma getränkt. In jedem Element der Torte, sei es der Kuchen, die Creme oder der Sirup, steckt Espresso mit dabei und wird durch andere Zutaten und Aromen hervorragend ergänzt.

 Ø 20 cm 8 Stk Zubereitungszeit: 120 Min. Backzeit: 3 x 30 Min. ❄ Kühlzeit: 4 Std.

RÜHR-ÖLTEIG:
6 Eier
300 g Zucker
1 Prise Salz
½ TL Vanilleextrakt
300 ml Öl
300 ml Kaffee
400 g Mehl
50 g Kakao
1 Packung Backpulver

ESPRESSO-TRÄNKE:
2 Espresso (80 ml)
4 Kardamom Kapseln
50 g Zucker

ESPRESSO-GUSS:
1 Espresso (40 ml)
3 TL Sahne
4 EL Ahornsirup
2 TL Kakao
1 Prise Salz
1 TL Vanilleextrakt
50 g Zartbitterschokolade

MASCARPONE-CREME:
50 g Puderzucker
1 kalter Espresso (40 ml)
500 g Mascarpone
400 ml Sahne
10 TL Sanapart

BACKFORMEN:
3 verstellbare Backringe (Ø 20 cm)
perforiertes Backblech

Zubereitung

RÜHR-ÖLTEIG

1. Heize den Ofen auf 170°C O/U vor und schlage drei Backringe mit Backpapier ein. Verrühre die Eier mit Zucker, Salz und Vanilleextrakt einige Minuten mit dem Schneebesen auf höchster Stufe, bis eine weißcremige, dickflüssige Masse entsteht. Rühre das Öl und den Kaffee auf niedrigster Stufe kurz ein. Vermische Mehl, Kakao und Backpulver und siebe das Mehlgemisch auf den Teig und hebe es mit einem Schneebesen vorsichtig unter.

Tipp ♡

Ersetze 100 ml des Kaffees durch Kaffeelikör, um das Aroma zu intensivieren.

2. Fülle den Teig in die vorbereiteten Backringe ein und backe den Teig jeweils für etwa 40 Minuten. Lass die Teige vollständig abkühlen.

ESPRESSO-TRÄNKE

3. Vermische den Espresso mit den Kardamom-Kapseln und dem Zucker in einem Topf und lass die Mischung 6 Minuten leicht köcheln.

ESPRESSO-GUSS

4. Verrühre den Espresso mit Sahne, Ahornsirup, Kakao, Salz und Vanilleextrakt in einem Topf und lasse die Mischung für 1 Minute aufkochen. Nimm den Topf vom Herd herunter und rühre die Schokolade ein. Lasse den Guss auf Zimmertemperatur abkühlen. Wenn er zu fest ist, kannst du noch Ahornsirup einrühren.

MASCARPONE-CREME

5. Vermische Puderzucker und Espresso in einem kleinen Topf und lasse die Mischung etwa 2-3 Minuten einkochen, bis ein Espresso-Sirup entstanden ist. Lasse ihn nun abkühlen.

6. Verrühre die Mascarpone mit dem eingekochten Espresso-Sirup. Rühre langsam die Sahne mit ein. Stelle die Geschwindigkeit hoch, rühre Sanapart mit ein und schlage die Creme steif.

7. Lege den ersten Tortenboden auf eine Torten-platte, tränke ihn mit der Espresso-Tränke und bestreiche ihn mit 1/3 der Creme. Setze den zweiten Boden auf, tränke ihn und bestreiche ihn ebenfalls mit 1/3 der Creme. Setze den letzten Tortenboden auf, tränke ihn und bestreiche die Torte rundherum mit der restlichen Creme.

8. Streiche die Torte glatt und strukturiere den Rand der Torte mit einer gezackten Teigkarte. Das geht am besten auf einer drehbaren Tortenplatte. Stelle die Torte für 3 Stunden in den Kühlschrank.

DEKORATION

9. Gieße den dickflüssigen Espresso-Guss mit einem Löffel vorsichtig über die Torte, beginne damit am Rand. Dekoriere die Torte mit Baiser-stücken, Mokka-Bohnen und den Gold-Perlen.

Kokostorte

mit Mangofruchteinlage

Diese Torte bringt karibische Gefühle nach Hause. Die Kombination aus Kokosnuss, Mango und weißer Schokolade schmeckt meiner Meinung nach absolut sommerlich, kann aber das ganze Jahr über zubereitet werden, da die exotischen Früchte das ganze Jahr über erhältlich sind.

∅ 20 cm 🍰 10 Stk 🕐 Zubereitungszeit: 75 Min. 🧁 Backzeit: 45 Min. ❄ Kühlzeit: 5 Std.

KOKOS-RÜHR-ÖLTEIG:
3 Eier
1 Prise Salz
½ TL Vanilleextrakt
150 g Zucker
200 ml Kokosmilch
50 ml weißer Rum oder Milch
50 ml Öl
225 g Mehl
100 g Kokosflocken
1,5 TL Backpulver

MANGOGANACHE UND FRUCHTEINLAGE:
1 reife Mango
175 g weiße Schokolade
10 g Butter
100 ml Wasser
5 g Agaragar

CREME:
250 g Quark
100 g Sahne
100 g Schmand
5 TL Sanapart
20 g Puderzucker

BACKFORMEN:
1 verstellbarer Backring (7 cm hoch)
Backfolie
Perforiertes Backblech

Zubereitung

KOKOS-RÜHR-ÖLTEIG

1. Heize den Ofen auf 170°C O/U vor und stelle den Backring auf ein mit Backfolie belegtes Blech. Rühre die Eier mit Salz, Vanilleextrakt und Zucker 4-5 Minuten zu einer cremigen Masse. Rühre die Kokosmilch, die Milch und das Öl bei niedriger Stufe ein. Verrühre Mehl, Backpulver und die Kokosraspel und hebe sie unter. Fülle den Teig in die Backform, streiche sie am Rand hoch. Backe den Teig für 45 Minuten und lasse ihn danach abkühlen. Schneide ihn einmal waagerecht durch.

MANGOGANACHE UND FRUCHTEINLAGE

2. Schäle die Mango, schneide das Fruchtfleisch klein und püriere es. Koche es in einem Topf so lange auf, bis etwa ein Drittel der Feuchtigkeit verdunstet ist. Wiege davon 100 g ab und vermische die Masse noch heiß mit der weißen Schokolade und der Butter, damit die Mangoganache entsteht. Decke die Mangoganache ab und stell sie in den Kühlschrank.

3. Verrühre das Wasser mit dem Agaragar, lasse es aufkochen und für mindestens 2 Minuten sprudelnd kochen. Verrühre das Agaragar mit etwa 150 g des restlichen Mangopürees.

4. Fülle die Fruchteinlage in einen kleineren Backring oder Teller mit etwa 16 cm Durchmesser und stelle es für 30 Minuten ins Gefrierfach.

SETZE DIE TORTE ZUSAMMEN

5. Lege den unteren Tortenboden auf eine Tortenplatte und stelle einen Backring herum. Streiche die Hälfte der Mangoganache darauf und setze die Mangofruchteinlage drauf.

Tipp ♡

Die Torte wird noch saftiger, wenn der Teig mit etwas Kokoslikör getränkt wird. Alternativ kann auch Mangosaft verwendet werden.

3 Tage
einfrieren

6. Verstreiche die restliche Mangoganache darüber, lass aber etwa 3 Esslöffel davon übrig. Lege den Tortendeckel auf und verstreiche die restliche Mangoganache am Rand der Torte und streiche sie glatt.

7. Stelle die Torte für 4 Stunden in den Kühlschrank. Entferne den Backring.

CREME

8. Verrühre Quark, Sahne, Schmand, Sanapart und Puderzucker und schlag die Creme steif. Streiche die Creme wellig auf die Torte und unterstütze das Wellenmuster, indem du einen Esslöffel stellenweise eindrückst. Bestreue sie mit den Kokosraspeln.

After Eight Torte

Schokoladentorte mit Minzcreme

Ich liebe die Kombination aus Zartbitterschokolade und Pfefferminzcreme.
Der Schokoladenmantel, der um die Torte herum liegt, lässt die Torte sehr edel wirken
- so edel wie die kleinen, feinen After Eight-Tafeln.

 20 cm 12 Stk Zubereitungszeit: 120 Min. Backzeit: 30 Min. Kühlzeit: 5 Std.

SCHWERER RÜHRTEIG:

200 g weiche Butter

200 g Zucker

½ TL Vanilleextrakt

1 Prise Salz

6 Eier

120 g Mehl

80 g Kakao

100 g Stärke

½ TL Backpulver

2 EL weißer Rum oder Milch

MINZCREME:

200 ml Sahne

2 TL Sanapart

250 g Mascarpone

250 g Quark

200 ml Pfefferminzsirup

10 TL Sanapart

blaue und grüne
Lebensmittelfarbpaste

ZUM TRÄNKEN:

50 ml Pfefferminzsirup

DEKORATION:

120 g Zartbitterkuvertüre

25 g Kokosfett

3-4 mintgrüne Baiserstücke

2-3 braune Baiserstücke

2 EL Sahne

BACKFORMEN:

2 Backringe (Ø 20 cm)

1 verstellbarer Backring (10 cm hoch)

perforiertes Backblech

Zubereitung

 5 Tage

❄ einfrieren

SCHWERER RÜHRTEIG

1. Heize den Ofen auf 170°C O/U vor.
Stelle die Backringe auf das mit Backfolie belegte Backblech. Verrühre die Butter mit Zucker, Vanilleextrakt und Salz in 4-5 Minuten zu einer weißcremigen Masse. Rühre nun ein Ei nach dem anderen hinzu und verrühre jedes Ei 1 Minute. Vermische Mehl, Kakao, Stärke und Backpulver und siebe die Zutaten in den Teig. Füge Rum oder Milch hinzu und rühre die Zutaten kurz ein. Verteile den Teig in die beiden Backformen und streiche sie am Rand etwas hoch, damit sie gleichmäßig aufgehen. Backe sie im Ofen für 30 Minuten und lass sie danach komplett abkühlen.

2. Schneide die Teige jeweils einmal waagerecht durch. Bei Bedarf kannst du den Teigdeckel dünn wegschneiden, damit die Tortenböden gerade sind.

MINZCREME

3. Schlage die Sahne mit Sanapart steif. Verrühre die Mascarpone mit dem Quark, Pfefferminzsirup und Sanapart etwa 30-60 Sekunden. Bei Bedarf kannst du grüne und blaue Lebensmittelfarbpaste zufügen, damit die Creme mintgrün wird.

Tipp

Oftmals ist der Pfefferminzsirup bereits gefärbt. Den Sirup bekommst du in der Getränkeabteilung in gut sortierten Supermärkten.

4. Setze den unteren Tortenboden auf eine Tortenplatte, spanne einen verstellbaren Backring herum und tränke ihn mit dem Minzsirup. Streiche ein Drittel der Creme darüber und lege den zweiten Boden auf. Tränke auch diesen mit dem Sirup und bestreiche ihn mit einem Drittel der Creme. Lege den dritten Boden auf, tränke ihn und bestreiche ihn mit der restlichen Creme. Der vierte Tortenboden wird nicht benötigt.

Stell die Torte für 4 Stunden in den Kühlschrank.

DEKORATION

5. Temperiere die Kuvertüre wie auf S. 35 beschrieben und rühre das Kokosfett ein.

Schneide einen Backpapierstreifen 10 cm breit zu, der so lang ist wie der Umfang der Torte. Bestreiche den Backpapierstreifen dünn mit der Kuvertüre und verteile die Kuvertüre gleichmäßig mit einer Palette. Sobald die Kuvertüre matt wird, kannst du den Schokoladenmantel um die Torte stellen.

6. Entferne dafür den Backring von der Torte. Klebe den Schokoladenmantel vorsichtig an die Torte und drücke sie leicht fest. Stelle die Torte für 10 Minuten in den Kühlschrank. Vermische die restliche, flüssige Kuvertüre mit 1-2 Esslöffeln der Sahne, damit eine Ganache entsteht und fülle sie in einen Spritzbeutel mit Lochtülle.

7. Entferne vorsichtig das Backpapier und brich kleine Stücke vom Schokoladenmantel ab. Dekoriere die Torte mit mintfarbenen Baiserstücken und zerbröselten braunen Baiserstücken.

8. Spritze mit der Ganache kleine Tupfen auf die Torte.

Pfirsich-Maracuja-Wickeltorte

mit Knusperboden

Diese raffinierte Torte überzeugt durch ihren Geschmack und ihre Optik. Der Knusperboden unterstützt den fruchtigen Geschmack von Pfirsich und Maracuja. Mit etwas Übung gelingt jedem die Wickeltechnik und sorgt bei Gästen für einen Aha-Effekt beim Anschnitt der Torte.

 24 cm 12 Stk Zubereitungszeit: 120 Min. Backzeit: 10 Min. Kühlzeit: 4 Std.

KNUSPERBODEN:
100 g Vollkornkekse
100 g gehackte Mandeln
125 g Butter

WICKELTEIG:
3 Eier
150 g Zucker
1 Prise Salz
1/2 TL Vanilleextrakt
100 g Mineralwasser
150 g Öl
Abrieb von 1 unbehandelten Zitrone
200 g Mehl
1 TL Backpulver

CREME:
400 ml Schlagsahne
4 TL San Apart
800 g Frischkäse
8 TL Sanapart
160 g Puderzucker
1/2 TL Vanilleextrakt
Saft und Abrieb von
1 unbehandelten Zitrone
2 Pfirsiche
3 EL Pfirsich-Maracuja-Marmelade

MARACUJA SPIEGEL:
300 ml Pfirsich-Maracuja-Saft
1 Tüte Agaragar
5 Maracujas
1 Pfirsich

BACKFORMEN:
1 verstellbarer Backring (10 cm hoch)
Backrahmen
perforiertes Backblech
Backfolie

Zubereitung

1. Stelle deinen Backring auf 24 cm ein und stelle ihn auf einen Tortenretter mit Backpapier.

KNUSPERBODEN

2. Zerkleinere die Vollkornkekse fein mit einem Mixer und vermische sie mit den Mandeln. Schmilz die Butter in der Mikrowelle oder in einem kleinen Topf und vermenge die Zutaten miteinander. Drücke sie dann in den Backring und stelle die Form in den Kühlschrank.

WICKELTEIG

3. Heize den Backofen auf 200°C O/U vor und setze deinen Backrahmen auf das mit Backfolie belegte Backblech.

4. Verrühre Eier mit Zucker, Salz und Vanilleextrakt in 3-4 Minuten zu einer weißcremigen Masse. Rühre Wasser, Öl und den Zitronenschalenabrieb bei niedrigster Stufe ein. Vermische Mehl und Backpulver und siebe das Mehlgemisch zum Teig. Hebe es mit einem Schneebesen vorsichtig unter.

5. Streiche den Teig in den Backrahmen, backe ihn für 10 Minuten. Hole den Teig aus dem Ofen und decke ihn mit einem leicht feuchten Küchentuch ab, damit der Teig nicht austrocknet.

CREME

6. Schlage die Sahne mit dem Sanapart steif. Verrühre Frischkäse mit Sanapart, Puderzucker und Vanilleextrakt. Hebe die Sahne unter. Schneide danach die Pfirsiche in Spalten.

7. Streiche die Creme mithilfe einer Winkelpalette und einer Teigkarte auf den Wickelteig.

8. Schneide ihn in 5 cm breite Streifen und belege die Streifen mit den Pfirsich-Spalten.

9. Entferne den Backring und bestreiche den Knusperboden mit der Marmelade.

3 Tage
einfrieren

10. Rolle den ersten Teigstreifen vorsichtig eng auf und setze ihn in die Mitte des Knusperbodens.

11. Wickle die restlichen Teigstreifen um den ersten wie eine Spirale bis der Knusperboden bedeckt ist.

12. Lege nun den Backring außen herum und ziehe ihn fest. Streiche etwas Creme auf die Oberfläche der Torte und lege 6 Esslöffel der Creme zur Seite.

Stelle die Torte dann für mindestens 3 Stunden in den Kühlschrank.

PFIRSICH-MARACUJA-FRUCHTSPIEGEL

13. Verrühre den Saft mit Agaragar und lass ihn für 2 Minuten sprudelnd kochen. Rühre das Fruchtmark der Maracujas ein und lass den Fruchtspiegel lauwarm abkühlen.

14. Schneide den Pfirsich in Spalten, lege sie auf die Torte und bedecke sie mit dem Fruchtspiegel. Kühle die Torte erneut für 1 Stunde. Entferne den Backring und streiche die übrige Creme an den Rand der Torte.

Zitronenkäsekuchen

mit Meringue aus der Cheesecake Factory

Mein absolutes Lieblingsrezept in diesem Buch ist dieser Lemon Meringue Cheesecake.
Ein leichter Boden aus Mandelbaiser wird mit der Zitronen-Käsekuchenmasse belegt und mit weißem Baiser dekoriert.
Das Baiser habe ich mit dem Gasbrenner flambiert. Der Kuchen ist glutenfrei. Bei diesem Rezept habe ich mich in der
Cheesecake Factory in Chicago inspirieren lassen und kurzerhand ein Rezept entwickelt.

⌀ 20 cm 🍰 10 Stk 🕐 Zubereitungszeit: 60 Min. 🧁 Backzeit: 30 Min. ❄ Kühlzeit: 6 Std.

MANDELBAISER:

3 Eiweiß

1 Prise Salz

150 g Zucker

½ TL Vanilleextrakt

180 g gemahlene Mandeln

CHEESECAKE MIT LEMONCURD:

Abrieb und Saft von ca. 5-6 Zitronen

(200 ml Zitronensaft)

4 Eier

200 g Zucker

2 TL Stärke

1 Tüte Agaragar

100 ml Wasser

600 g Frischkäse

6 TL Sanapart

MERINGUE:

3 Eiweiß

1 Prise Salz

200 g Puderzucker

BACKFORMEN:

1 verstellbarer Backring (10 cm hoch)

Backfolie

Perforiertes Backblech

Zubereitung

MANDELBAISER

1. Heize den Backofen auf 160°C O/U vor und stelle den Backring auf 20 cm ein. Setze ihn auf ein mit Backfolie belegtes Blech. Schlage das Eiweiß mit dem Salz steif. Füge den Zucker langsam dazu und rühre für weitere 5 Minuten weiter. Hebe Vanilleextrakt und die Mandeln mit einem Teigschaber unter. Fülle den Teig in die Backform und backe ihn für etwa 30 Minuten. Lasse ihn dann komplett erkalten. Löse den Backring nicht.

KÄSEKUCHEN

2. Reibe die Zitronenschale ab und presse den Zitronensaft aus. Für das Lemoncurd benötigst du 200 ml Saft. Verrühre die Zitronenschale mit –saft, Eiern, Zucker und der Stärke mit einem Schneebesen in einem kleinen Topf und stelle ihn bei mittlerer Stufe auf den Herd. Lasse das Lemoncurd in etwa 5-6 Minuten eindicken und einmal kurz aufkochen. Nimm es vom Herd herunter und streich es durch ein feines Haarsieb. Verrühre Wasser und Agaragar in einem weiteren Topf und lasse es 2 Minuten sprudelnd aufkochen. Verrühre das Agaragar mit dem Lemoncurd und lasse es lauwarm abkühlen. Lege 6 Esslöffel davon zur Seite.

3. Verrühre Frischkäse und Sanapart mit dem Schneebesen der Küchenmaschine cremig. Verrühre 4 Esslöffel des Frischkäses mit dem Lemoncurd und vermische nun langsam alles miteinander.

4. Fülle die Käsekuchenmasse auf den abgekühlten Teig, verteile das restliche Lemoncurd darüber und stelle die Torte für 5 Stunden in den Kühlschrank.

Tipp

Wer die Torte glutenfrei zubereiten möchte, verwendet Maisstärke statt Weizenstärke.

1-2 Tage
einfrieren

MERINGUE

5. Verrühre das Eiweiß mit Salz und Puderzucker in einer Metallschüssel. Stelle die Schüssel auf einen Topf mit kochendem Wasser und erhitze nun die Eiweißmischung unter ständigem Rühren für 10 Minuten. Das Eiweiß wird so auf etwa 80°C erwärmt, der Zucker löst sich auf, Keime werden abgetötet und es wird stabil. Nimm die Schüssel vom Wasserbad herunter. Schlage das Eiweiß anschließend bei mittlerer Stufe mit dem Schneebesen des Handrührgeräts oder der Küchenmaschine steif und rühre so lange, bis es abgekühlt ist.

STELLE DIE TORTE FERTIG

6. Löse die Torte vom Backring.
Streiche die Meringue wellenförmig auf.

7. Karamellisiere die Meringue mit einem Gasbrenner und dekoriere die Torte mit tiefgefrorenen Früchten.

Brownie-Eistorte

mit Schokoladenparfait und Granatäpfeln

Eine Eistorte bietet verschiedene Vorteile. Zum einen kann man sie hervorragend vorbereiten und zum anderen hat man immer ein Stück Kuchen im Gefrierfach. Bei diesem Rezept habe ich ein Schokoladenparfait hergestellt, welches sehr cremig und schokoladig ist. Als Parfait wird Halbgefrorenes bezeichnet. Am besten schmeckt die Torte, wenn man sie kurz vor dem Verzehr ein paar Minuten bei Raumtemperatur stehen lässt und sie dann halbgefroren genießt.

⌀ 16 cm  10 Stk Zubereitungszeit: 40 Min.  Backzeit: 20 Min. ❄ Kühlzeit: 12 Std.

BROWNIES-TEIG:
50 g Butter
50 g Zucker
25 ml Kaffee
½ TL Vanilleextrakt
50 g Zartbitterschokolade
1 Prise Salz
1 Ei
50 g Mehl
15 g Kakao
1 Prise Backpulver

SCHOKOLADEN-PARFAIT:
4 Eier
4 Eigelb
1 TL Vanilleextrakt
160 g Zucker
100 g Zartbitterschokolade
1 Tüte Agaragar
150 ml Wasser
500 g Schlagsahne
1 Granatapfel

SCHOKOLADENSOSSE:
50 ml Sahne
4 EL Ahornsirup
2 TL Kakao
1 Prise Salz
1 TL Vanilleextrakt
50 g Zartbitterschokolade

BACKFORMEN:
1 Backring (⌀ 16 cm)

Zubereitung

BROWNIES-TEIG

1. Heize den Ofen auf 190°C O/U vor. Stelle den Backring auf das mit Backfolie belegte Blech. Schmilz die Butter mit dem Zucker, Kaffee, Vanilleextrakt und der Zartbitterschokolade in einem kleinen Topf bei mittlerer Hitze, ohne die Masse aufkochen zu lassen.

2. Verrühre das Salz mit dem Ei. Rühre die warme Schokoladenmasse ein, füge Mehl, Kakao und Backpulver hinzu und rühre alles kurz mit einem Schneebesen zu einem Teig zusammen. Fülle den Teig in den Backring und backe ihn für etwa 20 Minuten. Lasse ihn komplett abkühlen und entferne den Ring nicht. Entkerne den Granatapfel.

SCHOKOLADEN-PARFAIT

3. Verrühre die Eier, Eigelbe, Vanilleextrakt und den Zucker und rühre alles über einem kochenden Wasserbad für 5 Minuten mit dem Handrührgerät auf höchster Stufe, damit das Parfait 80°C annimmt. Nimm die Schüssel nach 5 Minuten vom Wasserbad herunter und rühre das Parfait in etwa 20 Minuten bei mittelhoher Stufe kalt. Das Parfait kannst du auch in einer Küchenmaschine mit Hitzefunktion erwärmen.

4. Schmilz nun die Zartbitterschokolade im warmen Wasserbad.

5. Verrühre das Agaragar mit dem Wasser und lass es 2 Minuten sprudelnd kochen.

6. Schlage die Sahne steif.

7. Rühre die geschmolzene Schokolade vorsichtig in das Parfait ein. Verrühre 2-3 Esslöffel der Sahne mit dem Agaragar und rühre nun das komplette Agaragar in die Sahne ein.

8. Hebe die Sahne unter das Parfait. Verteile die Hälfte des Parfaits im Backring und streue ein paar Granatapfelkerne darüber.

9. Verteile das restliche Parfait darüber und stelle die Torte für mindestens 12 Stunden ins Gefrierfach.

Tipp ♡

Granatäpfel lassen sich ganz einfach und ohne zu spritzen in einer Schüssel voll Wasser entkernen. Ritze dafür den Granatapfel mit einem Messer rundherum ein, schneide ihn aber nicht durch, um die Kerne nicht durchzuschneiden. Reiße den Granatapfel in der Mitte mit den Händen vorsichtig auseinander und löse die Kerne unter der Wasseroberfläche heraus.

10. Verrühre die Sahne mit Ahornsirup, Kakao, Salz und Vanilleextrakt in einem kleinen Topf. Lasse die Mischung aufkochen und 1 Minute köcheln. Ziehe sie vom Herd herunter und rühre die Zartbitterschokolade ein. Lasse die Schokoladensoße auf Zimmertemperatur abkühlen. Gib etwas Ahornsirup hinzu, falls die Soße zu dickflüssig ist.

11. Entferne den Backring und stelle die Torte auf eine Tortenplatte. Gieße die Schokoladensoße kurz vor dem Servieren vorsichtig darüber und bestreue sie mit den Granatäpfeln.

Regenbogentorte

Melting Rainbow Cake

Ihr fragt euch jetzt wahrscheinlich warum man die Torte „Melting Rainbow Cake" nennt, oder?
Als „Melting" auf deutsch „schmelzen" bezeichnet man diese Torte, weil die Glasur so aussieht, als würde sie schmelzen.
Der bunte Zuckerguss, der an der Oberfläche der Torte herunterfließt, lässt kaum vermuten, dass sich unter der weißen
Cremeschicht auch ein Regenbogen befindet. Ein doppelter Überraschungseffekt!

 20 cm 10 Stk Zubereitungszeit: 2,5 Std. Backzeit: je 20 Min. ❄ Kühlzeit: 5 Std.

RÜHRTEIG:
350 g weiche Butter
350 g Zucker
1 Prise Salz
½ TL Vanilleextrakt
6 Eier
550 g Mehl
50 g Stärke
1 ½ TL Backpulver
¼ TL Natron
500 ml Buttermilch
Lebensmittelfarbpasten
in gelb, rot, pink, lila, blau und grün

LEMONCURD:
100 ml Saft und Schale von 3
unbehandelten Zitronen
2 Eier
100 g Zucker
1 TL Stärke
30 g Butter

FRANZÖSISCHE BUTTERCREME:
225 g Butter
3 Eier (165 g)
1 Prise Salz
105 g Zucker

BUNTE EIWEISSSPRITZGLASUR:
½ Eiweiß
½ TL Zitronensaft
170 g Puderzucker
Lebensmittelfarbpasten

BACKFORMEN:
1 Backring (Ø 20 cm)
perforiertes Backblech

Zubereitung

RÜHRTEIG

1. Heize den Ofen auf 170°C O/U vor und schlage die Backringe mit Backpapier ein. Verrühre die weiche Butter mit Zucker, Salz und Vanilleextrakt in 4-5 Minuten zu einer cremigen Masse. Füge die Eier einzeln hinzu und rühre jedes Ei eine Minute ein. Verrühre das Mehl mit Stärke, Backpulver und Natron und rühre es mit der Buttermilch in den Teig. Wiege den Teig ab und verteile ihn exakt auf sechs Schälchen.

2. Nimm jeweils 1-2 Esslöffel des Teiges in ein kleineres Schälchen heraus und rühre die kleinen Mengen mit den Lebensmittelfarbpasten in den Farben gelb, orange, pink, türkis, hellgrün und lila an. Denke daran, dass die Farben noch etwas heller werden, sobald sie mit der größeren Menge Teig vermischt werden.

3. Vermische die Farbproben mit den Teigen.

4. Fülle jeden Teig in einen separaten Backring und backe die Teige einzeln für etwa 20 Minuten. Lasse sie danach komplett abkühlen. Du kannst die Teige nacheinander bei O/U backen oder jeweils 2 Teige gleichzeitig im Ofen bei 150°C Umluft backen.

5. Stelle das Lemoncurd, wie auf S. 116 beschrieben, her. Stelle auch die französische Buttercreme wie auf S. 108 beschrieben her. Verrühre die Hälfte des Lemoncurds mit der Buttercreme.

3 Tage
einfrieren

CREME

6. Setze den dunkelsten Teigboden, lila, auf eine Tortenplatte und bestreiche ihn mit etwas Lemoncurd. Streiche die Buttercreme etwa 3 mm dünn auf und lege den nächsten Boden auf.

8. Schneide die Torte gegebenenfalls mit einem Messer gerade, damit die Ränder ganz gerade sind. Streiche die Torte dünn mit der Buttercreme ein, um die Krümel zu binden und stelle sie 30 Minuten kühl. Streiche die Torte mit der restlichen Creme ein und glätte sie mit einer Palette. Stell sie für 1 Stunde kühl.

7. Fülle die Torte auf diese Weise und stelle sie für 2 Stunden in den Kühlschrank.

BUNTE EIWEISSSPRITZGLASUR

9. Verrühre das Eiweiß mit Zitronensaft und dem Puderzucker klümpchenfrei. Verteile die Glasur auf 6 Schälchen und färbe sie mit den Lebensmittelfarbpasten ein. Gieße die bunten Farben nacheinander mit einem Löffel vorsichtig auf die Torte und vermische sie leicht miteinander.

10. Verwende nicht zu viel Glasur. Lass die Glasur im Kühlschrank fest werden.

Mohntorte

mit Kirschkompott

Ich liebe Mohnkuchen, weil Mohn sehr aromatisch ist. In Kombination mit der süß-sauren Kirschfüllung ist der Kuchen zwar mächtig, aber sehr lecker. Falls nicht so eine hohe Torte gewünscht ist, kann man sie auch nur halb so hoch zubereiten. Bei der hohen Torte hat man den Vorteil, dass man den Farbverlauf am Rand der Torte schön sieht.

 20 cm 16 Stk ⏱ Zubereitungszeit: 120 Min. Backzeit: 40 Min. Kühlzeit: 3 Std.

MOHN-RÜHR-ÖLTEIG:

6 Eier

300 g Zucker

½ TL Vanilleextrakt

1 Prise Salz

1 Prise Zimt

Abrieb von 1 unbehandelten Zitrone

300 ml Buttermilch

300 ml Öl

450 g Mehl

1 Packung Backpulver

50 g Marzipanrohmasse

250 g gemahlener Blaumohn

KIRSCHKOMPOTT:

750 g entkerne Kirschen

5 TL Zitronensaft

Abrieb von 1 unbehandelten Zitrone

150 g Zucker

¼ TL Zimt

CREME:

500 g Sahne

5 TL Sanapart

500 g Frischkäse

5 TL Sanapart

160 g Puderzucker

1 TL Vanilleextrakt

rote Lebensmittelfarbpaste

DEKORATION:

16-20 weiße Baiserstücke

1 EL Blaumohn

BACKFORMEN:

2 Backringe (Ø 20 cm)

2 Backfolien

2 perforierte Backbleche

Zubereitung

MOHN-RÜHR-ÖLTEIG

1. Heize den Ofen auf 170°C O/U vor. Stelle die Backringe auf die mit Backfolie belegten Bleche. Verrühre die Eier mit Zucker, Vanilleextrakt, Salz, Zimt und den Zitronenschalenabrieb in 4-5 Minuten zu einer cremigen Masse. Rühre die Buttermilch und das Öl bei niedriger Stufe ein. Vermische Mehl und Backpulver und siebe es über den Teig. Reibe das Marzipan fein dazu und hebe auch den Blaumohn unter. Fülle den Teig in die Backformen und backe die Teige für etwa 40 Minuten. Lasse sie komplett abkühlen und schneide sie jeweils einmal waagerecht durch.

KIRSCHKOMPOTT

2. Verrühre die Kirschen mit Zitronensaft, Zitronenschalenabrieb und dem Zimt in einem Topf und lasse die Kirschen bei mittlerer Hitze etwa 3-4 Minuten leicht köcheln, bis die Kirschen weich sind. Füge den Zucker hinzu und lasse das Kompott weitere 10 Minuten köcheln, bis es eindickt. Lasse es vollständig abkühlen.

CREME

3. Schlage die Sahne mit Sanapart steif. Verrühre den Frischkäse mit Sanapart, Puderzucker und Vanilleextrakt und hebe die Sahne unter. Fülle einen Teil der Creme in einen Spritzbeutel mit großer Lochtülle. Stelle die Creme kühl.

SETZE DIE TORTE ZUSAMMEN

4. Setze den untersten Tortenboden auf eine Tortenplatte. Bestreiche ihn mit einem Drittel des Kompotts und lasse hierbei einen 1 cm breiten Rand frei. Spritze die Creme als Umrandung um das Kompott. Lege den zweiten Tortenboden auf, fülle ihn ebenfalls mit dem Kompott und umrande ihn mit der Creme.

4 Tage
einfrieren

5. Fülle die Torte auf diese Weise fertig und setze den vierten Tortenboden auf. Bestreiche die Tortenoberfläche und den Rand ganz dünn mit der Creme und stelle sie für 1 Stunde in den Kühlschrank.

6. Verteile die restliche Creme gleichmäßig auf drei Schälchen und färbe sie mit der Lebensmittelfarbpaste in drei unterschiedlich starke Rottöne.

7. Streiche die Torte außen von unten beginnend mit dem dunkelsten Ton ein.

8. Verstreiche die Übergänge mit der Palette.

9. Dekoriere die Oberfläche der Torte kurz vor dem Servieren mit den Baiserstücken und bestreue sie mit dem Mohn.

Zimtsterntorte

mit selbst gemachten Zimtsternen

Zimtsterne sind die Lieblingsplätzchen von Murat. Für dieses Buch hat er sich eine Zimtsterntorte gewünscht und zu seiner großen Überraschung gibts die selbst gemachten Zimtsterne als Dekoration oben drauf. Die Zimtsterntorte schmeckt sehr locker und die Zimtcreme mit Magerquark und Schmand schmeckt sehr frisch und leicht.

 Ø 24 cm · 20 Stk · Zubereitungszeit: 120 Min. · Backzeit: 45 Min. · Kühlzeit: 120 Min.

ZIMTSTERNE:
250 g gemahlene Mandeln
150 g Puderzucker
1 Eiweiß
1 TL Zimt
1 EL Mandellikör oder -sirup

ZUM BESTREICHEN:
1 Eiweiß
1 Prise Salz
125 g Puderzucker

RÜHR-ÖLTEIG:
3 Eier
150 g Zucker
1/2 TL Vanilleextrakt
1 Prise Salz
75 ml Buttermilch
75 ml Mandellikör oder -sirup
150 ml Öl
225 g Mehl
1 Prise Zimt
1,5 TL Backpulver
75 g gemahlene Mandeln
50 g gehackte Mandeln

ZUM BESTREICHEN:
150 g Pflaumenmus

ZIMT-CREME:
400 g Sahne
4 TL Sanapart
60 g Puderzucker
250 g Magerquark
200 g Schmand
5 TL Sanapart
1 TL Zimt

ZUM DEKORIEREN:
2-3 TL Zimt
100 g gemahlene Mandeln

BACKFORMEN:
Perforiertes Backblech
Backform Stern
Backfolie

259

Zubereitung

ZIMTSTERNE

1. Heize den Ofen auf 150°C Umluft vor. Verknete die Mandeln mit Puderzucker, Eiweiß, Zimt und dem Mandellikör zu einem festen Teig. Lass ihn abgedeckt 30 Minuten ruhen, damit er nicht mehr klebt.

2. Rolle den Teig auf einer Silikonmatte mit zwei Teighölzern 1 cm dick aus und stich Zimtsterne aus. Lege sie auf ein mit Backfolie oder Backpapier belegtes Backblech.

3. Schlage das Eiweiß mit dem Salz steif, rühre den Puderzucker ein und rühre noch etwa 2 Minuten weiter.

4. Bestreiche die Sterne mit dem Zuckerguss. Backe sie im Ofen für etwa 10 Minuten. Du kannst mehrere Bleche auf einmal im Ofen bei Umluft backen. Lass sie abkühlen.

RÜHR-ÖLTEIG

5. Stell den Ofen auf 170°C O/U und stelle den Backstern auf ein mit Backfolie belegtes Backblech. Verrühre die Eier mit Zucker, Vanilleextrakt und Salz für 4-5 Minuten zu einer cremigen Masse. Rühre bei niedriger Stufe die Buttermilch, den Mandellikör und das Öl ein. Vermische Mehl, Zimt und Backpulver und siebe die Zutaten auf den Teig. Füge die gemahlenen und gehackten Mandeln hinzu und hebe die Zutaten unter. Fülle den Teig in die Backform ein und back den Teig für 35 Minuten. Lasse ihn danach komplett abkühlen.

6. Schneide den Teig einmal waagerecht durch. Setz den unteren Teigboden auf eine Tortenplatte und lege den sauberen Backstern herum. Bestreiche den Teig mit dem Pflaumenmus.

Tipp ♡

Die Zimtsterne schmecken nach 2-3 Tagen Lagerung erst richtig gut, wenn sich die Aromen verbunden haben und die Zimtsterne weich sind.

ZIMT-CREME

7. Schlage die Sahne mit Sanapart steif. Verrühre Puderzucker, Quark, Schmand, Sanapart und Zimt und hebe die Sahne unter. Streiche die Hälfte der Creme auf den unteren Teig und setze den Teigdeckel darüber. Streiche die restliche Creme darüber und stell die Torte für mindestens 4 Stunden kühl.

8. Entferne die Backform und streiche etwas Creme von der Oberfläche an den Rand der Torte. Bestreue ihn mit den gemahlenen Mandeln. Bestreue die Torte mit etwas Zimt. Setze die Zimtsterne auf die Torte.

Mousse au Chocolat Torte

im Schokoladenmantel

Mousse au chocolat – auf deutsch: „Schokoladenmus" ist eine klassische französische Nachspeise, die aus dunkler Schokolade, Zucker, Sahne und Ei hergestellt wird. Dieses klassische Dessert habe ich auf einen dunklen Schokoladenteig gestrichen und ihn mit dunkler Schokolade ummantelt.
Ein Traum für alle Schokoladenliebhaber.

 24 cm  12 Stk Zubereitungszeit: 80 Min. Backzeit: 40 Min. ❄ Kühlzeit: 6 Std.

SCHOKOLADENTEIG:

4 Eier

200 g Zucker

1 Prise Salz

½ TL Vanilleextrakt

80 g Butter

100 g Zartbitterschokolade

200 g Mehl

60 g Kakao

½ TL Zimt

2 TL Backpulver

200 ml Milch

2 heiße Espresso

MOUSSE AU CHOCOLAT:

4 Eiweiß

25 g Zucker

4 Eigelb

20 ml heißer Espresso

25 g Zucker

200 g Herrenschokolade

1 Tüte Agaragar

100 ml Wasser

200 g Sahne

DEKORATION:

100 g Zartbitterkuvertüre

10 g Kokosfett

6 Erdbeeren

BACKFORMEN:

1 verstellbarer Backring (7 cm hoch)

perforiertes Backblech

Backfolie

Zubereitung

SCHOKOLADENTEIG

1. Heize den Ofen auf 170°C O/U vor und schlage den Backring in Backpapier ein. Verrühre die Eier mit Zucker, Salz und Vanilleextrakt mit dem Schneebesen der Küchenmaschine für etwa 4 Minuten bis die Masse weißcremig ist. Schmilz in der Zwischenzeit die Butter und die Schokolade bei mittlerer Stufe in einem Topf oder in der Mikrowelle und rühre immer wieder um. Vermische Mehl, Kakao, Zimt und Backpulver und siebe die Zutaten in den Teig. Mische Milch und Espresso und füge die Zutaten gemeinsam mit der Schokoladen-Butter-Mischung zum Teig hinzu und rühre bei niedriger Stufe nur noch so lange, bis der Teig verbunden ist. Fülle den Teig in den Backring und backe ihn für 40 Minuten. Lasse ihn anschließend komplett erkalten. Löse den Tortenring nicht vom Teig.

MOUSSE AU CHOCOLAT

2. Verrühre das Eiweiß mit dem Zucker in einer Schüssel über dem kochenden Wasserbad für 5 Minuten. Nimm es danach vom Wasserbad herunter und rühre so lange, bis das Eiweiß steif und abgekühlt ist.

3. Verrühre das Eigelb mit dem Espresso und Zucker über dem kochenden Wasserbad etwa 5-6 Minuten bis es weißcremig ist und nimm es dann vom Wasserbad herunter. Schmilz in der Zwischenzeit die Herrenschokolade. Verrühre das Agaragar mit Wasser und lass es im Topf 2 Minuten sprudelnd aufkochen.

4. Rühre das Agaragar und die geschmolzene Schokolade in die noch warme Eigelbcreme ein. Schlag die Sahne steif und hebe sie unter. Hebe zum Schluss den Eischnee unter und verstreiche die Mousse au Chocolat vorsichtig auf dem abgekühlten Teig. Stelle die Torte für mindestens 5 Stunden kühl.

DEKORATION

5. Temperiere die Kuvertüre wie auf S. 35 beschrieben und rühre das Kokosfett ein. Schneide einen 10 cm langen Backpapierstreifen so zu, dass er so lang wie der Umfang der Torte ist.

6. Lasse die geschmolzene Kuvertüre in kreisenden Bewegungen auf den Backpapierstreifen laufen, so dass ein Muster entsteht. Warte, bis die Kuvertüre matt wird. Setze die Torte auf eine Tortenplatte und entferne den Backring.

2 Tage
einfrieren

7. Befestige den Schokoladenmantel ganz vorsichtig am Rand der Torte und drücke ihn leicht an. Stelle die Torte für 10 Minuten in den Kühlschrank. Löse das Backpapier.

8. Schneide die Erdbeeren in Viertel und setze sie auf die Oberfläche der Torte.

Tipp ♡

Weitere Tipps im Umgang mit Kuvertüre findest du auf S. 34.

Nackte Datteltorte

mit Pistazienfüllung und Feigen

Eine Nackte Torte – „naked cake" wird jene Torte bezeichnet, deren Tortenböden von außen sichtbar sind, weil die Torte nicht mit einer Creme eingestrichen wird. Der saftige Dattelteig in dieser Torte muss sich nicht verstecken und sollte deswegen nicht mit der Creme verdeckt werden. Darum entschied ich mich bei der Dekoration für die nackte Variante und habe die Pistaziencreme dekorativ auf die Torte gespritzt. Geschmacklich ist die Torte orientalisch geprägt.

 20 cm  12 Stk Zubereitungszeit: 60 Min. Backzeit: 40 Min. ❄ Kühlzeit: 6 Std.

DATTELTEIG:
190 g entsteinte Datteln
100 ml Wasser
100 ml Milch
3 Eier
55 g Zucker
½ TL Vanilleextrakt
1 Prise Salz
1 Prise Zimt
150 g Mehl
30 g Stärke
1,5 TL Backpulver
100 g gehackte Mandeln
100 g gemahlene Mandeln
100 g Butter

PISTAZIENFÜLLUNG:
400 g Sahne
500 g weiße Schokolade
120 g Pistazien
9 TL Sanapart

AUSSERDEM:
40 ml Orangenblütenwasser
oder Orangensaft
4 frische Feigen

BACKFORMEN:
1 verstellbarer Backring (7 cm hoch)

267

Zubereitung

PISTAZIENFÜLLUNG

1. Lasse die Sahne in einem Topf kurz aufkochen und ziehe sie wieder vom Herd herunter. Rühre die weiße Schokolade so lange ein, bis sie geschmolzen ist. Hacke die Pistazien in einem Mixer grob, so dass ein Teil gemahlen und ein Teil gehackt ist.
Rühre die Pistazien in die Creme ein und stelle sie in den Kühlschrank, bis sie wieder Kühlschranktemperatur angenommen hat.

DATTELTEIG

2. Heize den Ofen auf 170°C O/U vor und schlage den Backring mit Backpapier ein. Koche das Wasser mit der Milch auf und übergieße hiermit die Datteln, damit sie weich werden. Verrühre die Eier mit Zucker, Vanilleextrakt, Salz und Zimt in 3-4 Minuten cremig. Püriere die Datteln mit Milch und Wasser mit einem Mixer fein und rühre das Püree in den Teig ein. Mische Mehl, Stärke und Backpulver und siebe die Zutaten. Schmilz die Butter und verrühre nun alle Zutaten ganz kurz mit dem Teig. Fülle den Teig in den Backring und backe ihn für 35-40 Minuten. Lasse ihn anschließend komplett erkalten und schneide ihn zwei Mal waagerecht durch.

SETZE DIE TORTE ZUSAMMEN

3. Schlage die Pistaziencreme mit Sanapart steif und fülle sie in einen Spritzbeutel mit großer Lochtülle ein. Setze den untersten Tortenboden auf eine Tortenplatte und tränke die Böden mit dem Orangenblütenwasser oder Orangensaft.

4. Spritze nun die Pistaziencreme von außen beginnend in kleinen Punkten auf die Torte. Setze den zweiten Tortenboden auf und bespritze diesen ebenfalls mit kleinen Punkten. Setze den Tortendeckel auf und spritze auch hier von außen nach innen die Pistaziencreme in Punkten auf.

5. Stell die Torte für 4 Stunden kühl.

6. Schneide die Feigen in Spalten und dekoriere die Torte kurz vor dem Verzehr damit.

Stracciatella-Torte

mit Schokoküssen

Die Stracciatella-Creme wird mithilfe von Schaumküssen hergestellt, die ganz leicht zerdrückt werden und deren Schokoladenmantel zu leckeren, kleinen Schokoladenstückchen in der Creme werden.
Perfekt dazu passt die fruchtige Auflage aus Johannisbeeren und Brombeeren.

Ø 28 cm 16 Stk  Zubereitungszeit: 45 Min. Backzeit: 30 Min. Kühlzeit: 120 Min.

RÜHR-ÖLTEIG:

3 Eier

150 g Zucker

½ TL Vanilleextrakt

1 Prise Salz

150 ml Buttermilch

150 ml Öl

185 g Mehl

40 g Kakao

1,5 TL Backpulver

STRACCIATELLA-FÜLLUNG:

400 g Sahne

4 TL Sanapart

500 g Quark

12 Schaumküsse

10 TL Sanapart

Abrieb von 1 unbehandelten Zitrone

FRUCHTSPIEGEL:

300 g Johannisbeeren

200 g Brombeeren

100 ml Wasser

30 g Zucker

1 Tüte Agaragar

DEKORATION:

200 g Johannisbeeren

BACKFORMEN:

1 Backform Blume

1 Backfolie

1 perforiertes Backblech

271

Zubereitung

RÜHR-ÖLTEIG

1. Heize den Ofen auf 170°C O/U vor und stelle die Backform auf das mit Backfolie belegte Backblech. Verrühre die Eier mit Zucker, Vanilleextrakt und Salz in 4-5 Minuten zu einer cremigen Masse. Rühre Buttermilch und Öl bei niedriger Stufe ein. Verrühre Mehl, Kakao und Backpulver, siebe die Zutaten und hebe sie kurz unter. Fülle den Teig in die Backform ein und backe den Kuchen für etwa 30 Minuten. Lasse ihn danach komplett abkühlen und entferne die Backform nicht.

STRACCIATELLA-FÜLLUNG

2. Schlage die Sahne mit Sanapart steif. Entferne die Waffel von den Schaumküssen und lege 8 Stück

für die Dekoration zur Seite. Verrühre den Quark mit den Schaumküssen, Sanapart und dem Zitronenschalenabrieb. Hebe die Sahne unter. Streiche die Creme auf den abgekühlten Tortenboden und stelle ihn in den Kühlschrank.

FRUCHTSPIEGEL

3. Püriere die Früchte mit Wasser und Zucker und verrühre das Fruchtpüree mit dem Agaragar. Lasse es im Topf aufkochen und 2-3 Minuten sprudelnd aufkochen und danach lauwarm abkühlen. Gieße das Fruchtpüree auf die Stracciatella-Creme und stelle die Torte für mindestens 4 Stunden kühl.

4. Löse die Backform und dekoriere die Torte mit Johannisbeeren und den Waffeln.

Marmorierte Sommertorte

mit bunten Früchten

Dieser Haselnussbiskuit wird mit einer marmorierten Frischkäse-Sahnecreme gefüllt.
Der Marmor-Effekt entsteht durch die Fruchteinlage aus Johannisbeeren, Brombeeren, Himbeeren und Heidelbeeren,
die je nach Saison natürlich auch ausgetauscht werden dürfen.

 20 cm  12 Stk Zubereitungszeit: 120 Min. Backzeit: 20 Min. Kühlzeit: 5-6 Std.

HASELNUSSBISKUIT:
2 Eier
1 Prise Salz
½ TL Vanilleextrakt
60 g Zucker
35 g Mehl
35 g Stärke
1 TL Backpulver
60 g gemahlene Haselnüsse
50 g gestiftete Mandeln
50 g gehackte Zartbitterschokolade

FRUCHTEINLAGE:
300 g Früchte (Johannisbeeren,
Brombeeren, Himbeeren,
Heidelbeeren)
100 ml Wasser
40 g Zucker
1 Tüte Agaragar

CREME:
400 g Sahne
4 TL San Apart
300 g Frischkäse
3 TL Sanapart
Abrieb von 1 unbehandelten Limette
50 g Puderzucker
2 TL Limettensaft

DEKORATION:
100 g Sahne
100 g Zartbitterschokolade
50 g Himbeeren
50 g Heidelbeeren
50 g Blaubeeren
50 g Brombeeren

BACKFORM:
1 verstellbarerer Backring (10 cm hoch)
Backfolie
perforiertes Backblech

Zubereitung

2 Tage
einfrieren

HASELNUSSBISKUIT

1. Heize den Ofen auf 190°C O/U vor. Stelle den verstellbaren Backring auf ein mit Backfolie belegtes Backblech. Verrühre die Eier mit Salz, Vanilleextrakt und Zucker in 4-5 Minuten weißcremig. Verrühre das Mehl mit Stärke und Backpulver und hebe es unter. Hebe die Haselnüsse, Mandeln und die gehackte Schokolade unter und fülle den Teig in den vorbereiteten Backring und backe ihn für etwa 20 Minuten. Lasse ihn anschließend komplett erkalten und schneide ihn einmal waagerecht durch.

FRUCHTEINLAGE

2. Püriere die bunten Früchte mit dem Wasser und streiche das Fruchtpüree anschließend durch ein Sieb, um die Kerne zu entfernen. Verrühre es mit Zucker und Agaragar und lasse es in einem Topf mindestens 2 Minuten sprudelnd kochen. Ziehe den Topf vom Herd herunter und lasse das Fruchtpüree lauwarm abkühlen.

CREME

3. Schlage die Sahne mit Sanapart steif. Verrühre Frischkäse, Sanapart, Limettenschalenabrieb, Puderzucker und Limettensaft und hebe die Sahne unter. Gieße nun die Hälfte des lauwarmen Frucht-pürees ganz vorsichtig auf die Creme und hebe es in 2-3 Bewegungen unter, sodass die Creme leicht marmoriert wird.

4. Setze den unteren Tortenboden auf eine Tortenplatte und lege einen Backring herum. Fülle die Hälfte der marmorierten Creme ein. Gieße das restliche Fruchtpüree auf die Creme in der Rührschüssel und marmoriere sie wieder leicht. Streich die restliche Creme ganz vorsichtig auf die Torte und lege den Tortendeckel auf. Stelle die Torte für 4 Stunden kühl.

DEKORATION

5. Lasse die Sahne in einem Topf kurz aufkochen, ziehe sie vom Herd herunter und rühre die Schoko-lade ein. Lasse die Ganache lauwarm abkühlen.

6. Löse den Backring und gieße die Ganache vorsichtig mit einem Löffel auf die Torte. Lege die bunten Früchte auf und besprenkle sie mit der übrigen Ganache.

Tipp ♡

Verwende für diese Torte Früchte der Saison. Im Herbst ist eine Kombination aus Pflaumen, Trauben und Blaubeeren sehr lecker. Die Torte kannst du mit Zimt verfeinern.

Pfefferkuchentorte

mit Ingwerkompott

Die Bezeichnung „Pfefferkuchen" lässt vermuten, dass der Hauptbestandteil dieser Torte Pfeffer ist. Das ist aber gar nicht so. Die Bezeichnung kommt daher, weil im Mittelalter die meisten Gewürze als „Pfeffer" bezeichnet wurden. Pfefferkuchen, oder auch Lebkuchen, wie sie bei uns im Süddeutschen auch gerne bezeichnet werden, zeichnen sich dadurch aus, dass die Gewürze im Gebäck eine zentrale Rolle spielen. In dieser Torte habe ich als Hauptgewürz Ingwer verwendet, der durch seine leichte Schärfe ganz dezent in den Vordergrund tritt. Im Gesamten schmeckt man den Ingwer allerdings nicht heraus, weshalb die Torte nicht scharf, sondern nur gut aromatisch schmeckt und mit der Süße der Karamellcreme gut zusammenpasst.

 24 cm 12 Stk Zubereitungszeit: 40 Min. Backzeit: 30 Min. ❄ Kühlzeit: 3 Std.

RÜHR-ÖLTEIG:

3 Eier

100 g Zucker

50 ml Zuckerrübensirup

1 Prise Salz

½ TL Vanilleextrakt

150 ml Buttermilch

150 ml Öl

225 g Mehl

1,5 TL Backpulver

1 TL getrockneter, gemahlener Ingwer

10 g frischer Ingwer

INGWER KONFITÜRE:

50 g frischer Ingwer

Abrieb und Saft von 1 unbehandelten Orange

Abrieb und Saft von 1 unbehandelten Zitrone

ca. 50-100 ml Wasser

100 g Gelierzucker 3:1

DEKORATION:

Goldperlen

Silberperlen

Zuckerdekor in Lebkuchenmann-Optik

KARAMELLCREME:

100 g Dulce de Leche (Rezept S.118)

350 g Mascarpone

200 g Sahne

6 TL Sanapart

BACKFORM:

1 verstellbarer Backring (7 cm hoch)

Backfolie

Perforiertes Backblech

Zubereitung

 3 Tage ❄ einfrieren

RÜHR-ÖLTEIG

1. Heize den Ofen auf 170°C O/U vor und stelle den Backring auf das mit Backfolie belegte Blech. Verrühre die Eier mit Zucker, Zuckerrübensirup, Salz und Vanilleextrakt in 4-5 Minuten cremig. Rühre die Buttermilch und das Öl langsam hinein. Verrühre Mehl, Backpulver und den getrockneten Ingwer und siebe die Zutaten auf den Teig. Reibe den frischen Ingwer und hebe die Zutaten kurz unter. Fülle den Teig in die Backform ein und backe ihn für etwa 30 Minuten. Lasse ihn danach komplett abkühlen. Schneide den Teig einmal waagerecht durch.

INGWER KONFITÜRE

2. Schneide den frischen Ingwer in feine Würfel. Reibe die Zitronen- und Orangenschale ab. Presse den Zitronen- und Orangensaft aus und fülle den Saft gegebenenfalls mit Wasser auf 250 ml auf. Verrühre nun alle Zutaten, auch den Gelierzucker miteinander in einem Topf und lasse die Konfitüre etwa 4 Minuten kochen. Stell sie anschließend zum Abkühlen zur Seite.

KARAMELLCREME

3. Verrühre das Dulce de Leche, die Mascarpone, Sahne und das Sanapart kurz, bis die Creme steif ist.

SETZE DIE TORTE ZUSAMMEN

4. Setze den Tortenboden auf eine Tortenplatte und bestreiche ihn mit der abgekühlten Ingwerkonfitüre. Lege den Tortendeckel auf und streiche die komplette Creme darüber. Streiche die Creme von außen nach innen mit einer kleinen Palette, so dass ein Muster entsteht. Dekoriere die Torte mit Gold- und Silberperlen und Zuckerdekor in Lebkuchenmann-Optik. Stelle die Torte für 3 Stunden kühl.

Samiras Torte

von ihr selbst gebacken

Meine Tochter Samira liebt es mit mir gemeinsam in der Küche zu stehen. Wenn wir zusammen etwas unternehmen steht das Backen meist an oberster Stelle. Sie liebt es sich kreativ auszutoben, Teig zu rühren und vor allem Torten zu dekorieren. Diese Torte hat sie mit ihrem Lieblings-Schokoladen-Nussteig gebacken, der auch nach Tagen noch sehr saftig ist. Diesen Teig kann sie bereits selbst zubereiten, da sie die Zutaten mit einem Becher ausmisst. Der Becher Schmand, der hierfür verwendet wird, dient als Messbecher und macht das Backen somit zum Kinderspiel. Dekoriert hat sie die Torte mit Süßwaren – das ist übrigens eine tolle Idee für einen Geburtstag: lasst doch einfach mal das Kind selbst die Geburtstagstorte dekorieren, das macht so viel Spaß!

 24 cm 12 Stk Zubereitungszeit: 60 Min. Backzeit: 55 Min. Kühlzeit: 60 Min.

SCHOKOLADEN-NUSSTEIG:
1 Becher Schmand (200 g)
4 Eier
1 Becher Zucker
1 Becher Mehl
1 Becher Kakao
1 Becher Öl
1 Becher Kokosraspeln
1,5 TL Backpulver
½ TL Vanilleextrakt

ZUM DEKORIEREN:
200 g Sahne
2 TL Sanapart

SÜSSWAREN:
Knabberketten
Ufos
Bunte Linsen

BACKFORMEN:
Backring (Ø 20cm)
perforiertes Backblech
Backfolie

Zubereitung

SCHOKOLADEN-NUSSTEIG:

1. Heize den Ofen auf 170°C O/U vor und stelle den Backring auf das mit Backfolie belegte Blech. Verrühre alle Zutaten in einer Rührschüssel für etwa 1 Minute miteinander. Fülle den Teig in die Backform ein und backe den Teig für etwa 55 Minuten. Lass ihn danach komplett abkühlen.

2. Schlage die Sahne mit dem Sanapart steif. Lege die Torte auf eine Kuchenplatte und streiche sie mit der Sahne ein.

3. Dekoriere die Torte nach Belieben mit den Süßwaren!

Schokoladentorte

mit Amarenakirschen

Diese Torte schmeckt schokoladig und fruchtig.
Der feine Schokoladen Wiener Boden ist mit Amarenakirschen belegt und mit einer Schokoladensahne gefüllt.
Die Kakaoschicht lässt die Torte sehr edel wirken.

 26 cm 12 Stk Zubereitungszeit: 120 Min. Backzeit: 35 Min. Kühlzeit: 4 Std.

SCHOKOLADEN WIENER BODEN:

7 Eier

1 Prise Salz

½ TL Vanilleextrakt

240 g Zucker

150 g Mehl

50 g Kakao

50 g Stärke

60 g zerlassene Butter

SCHOKOLADENSAHNE:

600 g Sahne

400 g Zartbitterschokolade

1 Prise Zimt

1 Tüte Sanapart

AMARENAKIRSCHEN:

1 Glas Schattenmorellen

à 370 g Abtropfgewicht

40 g Zucker (nach Belieben)

40 g Stärke

3 EL Mandellikör oder -sirup

DEKORATION:

100 g Kakao

100 g Zartbitterschokolade

Zubereitung

2 Tage
~~einfrieren~~

SCHOKOLADEN WIENER BODEN

1. Backe den Schokoladen Wiener Boden wie auf S. 69 in den Grundrezepten beschrieben her. Lasse ihn vollständig erkalten und schneide ihn zwei Mal waagerecht durch.

SCHOKOLADENSAHNE

2. Brich die Schokolade in Stücke. Koche 200 g Sahne in einem Topf auf und nimm den Topf dann vom Herd herunter. Rühre die Schokolade ein und lass sie schmelzen. Füge die restliche Sahne und den Zimt ein. Stelle die Schokoladensahne in den Kühlschrank, bis sie Kühlschranktemperatur angenommen hat.

AMARENAKIRSCHEN

3. Verrühre die Schattenmorellen samt Kirschen und Saft, Zucker, Stärke und Mandellikör oder –sirup in einem kleinen Topf und stelle den Herd auf mittlere Stufe. Rühre so lange, bis die Amarenakirschen aufgekocht sind. Nimm sie vom Herd herunter, decke sie direkt an der Oberfläche mit einer Frischhaltefolie ab und lasse sie abkühlen.

SETZE DIE TORTE ZUSAMMEN

4. Setze den unteren Tortenboden auf eine Tortenplatte und umschließe ihn mit einem Backring. Verrühre die kalte Schokoladensahne kurz und rühre das Sanapart ein. Schlage die Schokoladensahne steif.

5. Verteile die Hälfte der Kirschfüllung auf dem Schokoladenteig und lasse hierbei einen etwa 3 cm breiten Rand frei. Bedecke sie mit einem Drittel der Schokoladencreme. Lege den zweiten Schokoladenboden auf, bestreiche ihn mit den restlichen Kirschen und bedecke diese mit einem Drittel der Sahne. Setze den Teigdeckel auf. Lege 4 Esslöffel der Schokoladensahne für die Dekoration zur Seite.

6. Verstreiche die restliche Schokoladensahne auf der Torte und streiche diese glatt. Stelle die Torte für mindestens 3 Stunden in den Kühlschrank. Entferne den Backring und bestreiche die Torte mit der restlichen Sahnecreme. Bestreue die Torte mit Kakao und streiche es dafür durch ein Sieb. Ziehe Schokoladenröllchen von der Schokolade ab und dekoriere die Torte damit.

Tipp ♡

Auf S. 51 erfährst du wie man Schokoladenröllchen und andere Schokoladendekorationen herstellt.

Himbeercreme-Torte

mit Mangorosen

Die Mangorosen sehen komplizierter aus, als sie eigentlich sind.
Wichtig ist bei dieser Torte, dass reife, aber nicht überreife Mangos verwendet werden,
damit die Rosen schön formbar sind.

⌀ 24 cm 🍰 12 Stk 🕐 Zubereitungszeit: 120 Min. 🧁 Backzeit: 35 Min. ❄ Kühlzeit: 6 Std.

RÜHR-ÖLTEIG:

4 Eier

200 g Zucker

1 Prise Salz

½ TL Vanilleextrakt

Abrieb von 1 unbehandelten Zitrone

200 ml Öl

200 ml Buttermilch

300 g Mehl

2 TL Backpulver

CREME:

½ reife Mango

200 g Himbeeren

1 Tüte Agaragar

30 g Puderzucker

250 g Quark

3 TL Sanapart

200 ml Sahne

2 TL Sanapart

DEKORATION:

100 g Aprikosengelee

2-3 reife Mangos

BACKFORM:

1 verstellbarer Backring (10 cm hoch)

Backfolie

perforiertes Backblech

Zubereitung

RÜHR-ÖLTEIG

1. Heize den Ofen auf 170°C O/U vor. Stelle den Backring auf das mit Backfolie belegte Blech. Verrühre die Eier mit Zucker, Salz und Vanilleextrakt in 4-5 Minuten weißcremig. Füge den Zitronenschalenabrieb, Öl und Buttermilch hinzu und rühre die Zutaten kurz bei niedriger Stufe ein. Verrühre Mehl und Backpulver, siebe die Zutaten und hebe sie kurz unter. Fülle den Teig in den Backring und backe ihn für etwa 35 Minuten. Lasse ihn danach komplett abkühlen und schneide ihn anschließend zwei Mal waagerecht durch.

CREME

2. Püriere die Mango und fülle das Mangopüree mit Wasser auf 250 ml auf. Verrühre es mit der Hälfte des Agaragars in einem kleinen Topf und lass es 2 Minuten sprudelnd aufkochen. Püriere die Himbeeren und fülle das Himbeerpüree mit Wasser auf 250 ml auf. Verrühre es mit Agaragar und lass es im Topf 2 Minuten sprudelnd aufkochen. Ziehe es vom Herd herunter und lasse beide Fruchtpürees lauwarm abkühlen.

3. Verrühre Puderzucker, Quark und Sanapart. Schlag die Sahne mit Sanapart steif.

4. Verrühre die Hälfte der Quarkcreme mit dem Mangopüree und die andere Hälfte mit dem Himbeerpüree. Hebe jeweils die Hälfte der Sahne unter.

SETZE DIE TORTE ZUSAMMEN

5. Lege den untersten Tortenboden auf eine Tortenplatte und umschließe ihn mit einem Backring. Fülle die Mangocreme ein und lege den zweiten Teig auf. Fülle die Himbeercreme ein und schließe mit dem Teigdeckel ab. Stelle die Torte für 4 Stunden kühl.

DEKORATION

6. Erhitze die Aprikosenmarmelade und bestreiche die Torte damit dünn. Schäle die Mango und schneide rechts und links am Kern entlang das Fruchtfleisch herunter. Schneide dieses in 1 mm dünne Scheiben und rolle diese Scheiben zu Rosen zusammen. Lege die einzelnen Rosen dicht aneinander auf die Torte und bestreiche sie mit dem Aprikosengelee. Stell die Torte erneut 1 Stunde kühl.

5. Entferne den Backring.

No-Bake-Torten

No-Bake-Torten sind Torten, für die kein Backofen benötigt wird, weil der Teig entweder auf dem Herd gegart oder aus fertigen Keksen zubereitet wird. No-Bake-Torten sind absolut nicht langweilig oder eintönig. Den Variationen sind keine Grenzen gesetzt.

In dieser Kategorie findest du raffinierte Zutaten-Kombinationen wie beispielsweise eine mehrschichtige Crêpes-Torte mit Zartbitterganache und selbst gebrannten Mandeln, einen schnellen Banoffee Pie mit Karamell und Bananen, einen abgewandelten „Kalten Hund" in Form eines Mosaik-Kuchens und viele weitere Rezepte für nahezu jeden Anlass. Man kann beim Anblick der Torten eigentlich gar nicht glauben, dass dafür kein Backofen verwendet wurde, da die Torten keineswegs langweilig aussehen.

Crêpes Torte

mit Schokoladenganache und gebrannten Mandeln

Von außen sieht die Torte ziemlich unscheinbar aus, doch schneidet man sie an,
fragen sich wohl alle wie die vielen einzelnen Teigschichten hergestellt wurden – vor allem ohne Backofen.
Etwa dreißig einzelne Crêpes werden mit einer Zartbittercreme übereinander gestapelt.
Selbst gebrannte Mandeln zieren die Torte und geben ihr den nötigen Biss.

Ø 16 cm   8 Stk   Zubereitungszeit: 80 Min.   Kühlzeit: 60 Min.

CRÊPES-TEIG:
500 g Mehl
6 Eier
½ TL Salz
1 EL Zucker
500 ml Milch
500 ml Mineralwasser
100 g zerlassene Butter
1 TL Vanilleextrakt

SCHOKOLADENGANACHE:
200 g Sahne
300 g Zartbitterschokolade

GEBRANNTE MANDELN:
100 g Wasser
100 g Zucker
1 TL Zimt
1 Prise Salz
200 g Mandeln

Zubereitung

CRÊPES-TEIG

1. Schütte das Mehl in eine große Rührschüssel und forme eine Mulde hinein. Fülle die Eier, das Salz und den Zucker in die Mulde und beginne nun die Eier mit einem Backlöffel zu verrühren. Nimm immer mehr Mehl vom Rand und rühre weiter. Füge die Milch und das Wasser hinzu und rühre den Teig klümpchenfrei. Füge zum Schluss noch die zerlassene Butter und das Vanilleextrakt hinzu und lasse den Teig abgedeckt 30 Minuten stehen.

SCHOKOLADENGANACHE

2. Lasse die Sahne in einem Topf aufkochen und ziehe sie vom Herd herunter. Füge die Schokolade hinzu und rühre so lange, bis sie geschmolzen ist. Lasse die Ganache abgedeckt auf Zimmertemperatur abkühlen.

3. Backe 25-30 Crêpes mit etwa 20 cm Durchmesser aus. Hierfür eignet sich eine Crêpes Pfanne, alternativ geht auch eine beschichtete Pfanne. Bei Bedarf kann die Pfanne leicht mit Sonnenblumenöl gefettet werden. Lasse die Crêpes auf einem Abkühlgitter auskühlen und schneide sie anschlie-

ßend mithilfe eines runden Gegenstandes in 16 cm große Kreise. Die Reste werden für die Torte nicht benötigt und können vernascht werden.

4. Lege den ersten Crêpe auf eine Tortenplatte und bestreiche ihn mit etwa einem Esslöffel der Ganache. Setze den zweiten Crêpe auf und fülle die Torte. Stell sie für 60 Minuten kühl. Bestreiche die Torte komplett mit der restlichen Ganache und stell sie für 1 weitere Stunde kühl.

GEBRANNTE MANDELN

5. Gib das Wasser gemeinsam mit Zucker, Zimt und Salz in eine große Pfanne und lasse es aufkochen.

5-6 Tage
❄ einfrieren

6. Füge die Mandeln hinzu und rühre so lange, bis der Sirup einkocht, die Flüssigkeit verdunstet und der Zucker trocken wird. Stelle die Hitze des Herdes auf mittlere Stufe und rühre nun weiter, bis der Zucker karamellisiert. Verteile die gebrannten Mandeln auf einem Backpapier und lasse sie einzeln abkühlen.

7. Zerhacke sie nach dem Abkühlen grob mit einem Messer und dekoriere die Torte damit.

Tipp ♡

Verwende die abgeschnittenen Crêpes-Reste für eine Flädlesuppe oder bereite daraus einen süßen Auflauf mit Obst zu.

Himbeer-Torte

mit Giotto

Diese Torte ist der Beweis dafür, dass Haselnüsse fruchtig und frisch schmecken können.
Der knusprige Haselnussboden ist mit einer Vanillecreme bedeckt,
die mit einem Himbeerfruchtspiegel marmoriert ist.

⌀ 26 cm   🍰 12 Stk   🕐 Zubereitungszeit: 30 Min.   ❄ Kühlzeit: 4 Std.

KNUSPERBODEN:
200 g Vollkornkekse
27 Giotto Kugeln
100 g Butter

HIMBEERFRUCHTEINLAGE:
200 g Himbeeren
150 ml Himbeersirup
40 g Stärke

VANILLECREME:
400 ml Sahne
4 TL Sanapart
400 g Frischkäse
500 g Quark
9 TL Sanapart
120 g Puderzucker
1 TL Vanilleextrakt

AUSSERDEM:
18 Giotto Kugeln
100 g Himbeeren

BACKFORMEN:
1 Backring (⌀ 26 cm)
Tortenretter

301

Zubereitung

4 Tage
einfrieren

KNUSPERBODEN

1. Zerkleinere die Vollkornkekse und die Giotto Kugeln mit einem Mixer ganz fein. Schmilz die Butter und verrühre sie mit den Keksbröseln. Stelle den Backring auf den mit Backpapier belegten Tortenretter, fülle die Keksbrösel ein und drücke sie ganz fest. Stelle den Backring für 15 Minuten ins Gefrierfach.

HIMBEERFRUCHTEINLAGE

2. Püriere die Himbeeren mit dem Himbeersirup ganz fein. Rühre die Stärke ein und erhitze das Himbeerpüree in einem Topf bei mittlerer Hitze und lasse es aufkochen. Ziehe es vom Herd herunter, decke es mit einer Frischhaltefolie ab und lasse es lauwarm abkühlen.

VANILLECREME

3. Schlage die Sahne mit Sanapart steif. Verrühre Frischkäse, Quark, Sanapart, Puderzucker und Vanilleextrakt. Hebe die Sahne unter.

4. Streiche nun die Hälfte der Vanillecreme auf den vorbereiteten Boden, verteile die Hälfte der Himbeerfruchteinlage esslöffelweise darüber. Halbiere 10 Giotto Kugeln mit einem Messer und setze sie auf die Creme. Streiche die restliche Vanillecreme wellenförmig darüber und dekoriere sie mit der restlichen Himbeerfruchteinlage, den Himbeeren und den Giotto-Kugeln.

Kokoskuchen

mit Bananen und Amarena-Kirschen

Die Vanillecreme des Kokoskuchens schmeckt sommerlich leicht. Bekannt ist der Kuchen auch unter dem Namen „Banana Cream Pie", welchen ich als Basis für mein Rezept verwendet habe. In meinem Rezept habe ich den Bananengeschmack durch Kokosraspeln unterstützt und eine leichte Säure mit den Amarena-Kirschen mit eingefügt.

Ø 20 cm · 10 Stk · Zubereitungszeit: 30 Min. · Kühlzeit: 135 Min.

KOKOSBODEN:
130 g Butter
100 g Butterkekse
100 g Kokosraspeln

AMARENA-KIRSCHEN:
50 ml Amaretto oder Kirschsaft
50 g Zucker
100 g entkernte Kirschen
(Tiefgekühlt oder frisch)

VANILLECREME:
400 ml Milch
200 g Sahne
4 Eigelb
100 g Zucker
50 g Stärke
1 Prise Salz
½ TL Vanilleextrakt

AUSSERDEM:
2 Bananen
100 ml Sahne
100 g Saure Sahne
2 TL Sanapart
50 g Kokosraspeln

BACKFORMEN:
1 Backring (Ø 20 cm)
Tortenretter rund

Zubereitung

2 Tage einfrieren

KOKOSBODEN

1. Erhitze die Butter und zerkleinere die Kekse mit einem Mixer. Verrühre alle Zutaten miteinander. Stelle den Backring auf den mit Backpapier belegten Torten-retter, fülle den Kokosboden ein und drücke ihn gut fest. Stelle ihn für 15 Minuten ins Gefrierfach.

AMARENA-KIRSCHEN

2. Verrühre Amaretto oder Saft und Zucker in einem Topf und lasse es aufkochen. Füge die Kirschen hinzu und lasse sie bei mittlerer Hitze einkochen, bis der Sirup eindickt. Nimm sie vom Herd herunter.

VANILLECREME

3. Verrühre die Milch mit Sahne, Eigelb, Zucker, Stärke, Salz und dem Vanilleextrakt mit einem Schneebesen in einem Topf und stelle den Herd auf mittlere Stufe. Rühre die Creme 3-4 Minuten und lasse sie kurz aufkochen. Ziehe sie vom Herd herunter und streiche sie durch ein Sieb.

4. Schneide die Banane in Scheiben und verteile sie auf dem Kokosboden.

5. Verteile die Kirschen gleichmäßig darüber.

6. Decke sie mit der Vanillecreme ab und lege eine Frischhaltefolie direkt auf die Oberfläche, damit sich keine Haut bildet. Stelle den Kuchen für 2 Stunden in den Kühlschrank.

7. Verrühre die Sahne mit der sauren Sahne und Sanapart und schlage die Creme steif. Streiche sie wellenförmig auf den Kuchen und bestreue ihn mit den Kokosraspeln. Entferne den Tortenring.

Blaubeer Ombré Torte

Blaubeercreme mit Farbverlauf – Elas Lieblingstorte

Unsere Tochter Ela liebt Blaubeeren über alles. Momentan krabbelt sie durch die ganze Wohnung und erkundet die Welt. Jeden Morgen versteckt Murat in der Wohnung ein paar Blaubeeren, welche Ela suchen und aufessen darf. Auf diese Weise beschäftigt er sie morgens eine halbe Stunde lang bis alle genügend Energie getankt haben, um sich um Ela zu kümmern. Ich denke die Blaubeer Ombré Torte wird später ihre Lieblingstorte. Die Torte kann man gekühlt aus dem Kühlschrank oder sogar als Eistorte aus dem Gefrierfach genießen.

Ø 18 cm   8 Stk   Zubereitungszeit: 60 Min.   Kühlzeit: 5 Std.

SCHOKOLADENBODEN:
60 g Vollkornkekse
60 g Amarettini Kekse
60 g Butter
40 g Zartbitterschokolade

OMBRÉ CREME:
300 g Blaubeeren
100 ml Wasser
1 Tüte Agaragar
500 g Quark
500 g Mascarpone
200 ml Sahne
100 g Puderzucker
½ TL Vanilleextrakt
Abrieb und Saft von
1 unbehandelten Limette
12 TL Sanapart

DEKORATION:
200 g Blaubeeren

BACKFORMEN:
1 Backring (Ø 18 cm)
Tortenretter rund

Zubereitung

2 Tage
einfrieren

SCHOKOLADENBODEN

1. Zerkleinere die Vollkorn- und Amarettinikekse mit einem Mixer sehr fein. Schmilz die Schokolade in einem kleinen Topf und rühre die Schokolade ein, damit sie auch schmilzt. Verrühre die Schokoladenbutter mit den Keksbröseln. Lege den Backring auf den mit Backpapier belegten Tortenretter und drücke die Keksmasse hinein. Stelle die Form für 15 Minuten in den Gefrierschrank.

OMBRÉ CREME

2. Püriere die Blaubeeren mit dem Wasser fein und rühre das Agaragar ein. Lasse das Blaubeerpüree aufkochen und 2 Minuten sprudelnd kochen. Zieh es vom Herd herunter und wiege nun vier verschiedene Portionen davon in vier Schälchen ab: 200 g, 80 g, 30 g und 10 g.

3. Verrühre Quark, Mascarpone, Sahne, Puderzucker, Vanilleextrakt, Limettenschale und –saft und Sanapart miteinander und rühre die Creme steif.

4. Teile die Creme in vier gleich große Portionen mit jeweils etwa 340 g ein. Verrühre die erste Portion mit den 200 g Blaubeeren, indem du zuerst 2-3 Esslöffel der Quarkcreme mit dem Blaubeerpüree vermischst und dann den restlichen Quark zufügst. Verteile die erste Schicht auf dem Schokoladenboden und stelle ihn für 15 Minuten ins Gefrierfach.

5. Verrühre nun die zweite Portion der Quarkcreme mit 80 g Blaubeerpüree und verteile es ganz vorsichtig mit einem Esslöffel auf der ersten Schicht, stelle die Torte wieder für 15 Minuten ins Gefrierfach und verrühre so auch die dritte und vierte Schicht mit der jeweiligen Menge Blaubeerpüree. Stelle die Torte für mindestens 5 Stunden in den Kühlschrank oder friere sie für mindestens 3 Stunden ein.

6. Belege die Oberfläche der Torte mit den Blaubeeren und entferne den Tortenring.

Weisser Mosaik-Kuchen

Kekskuchen mit weißer Schokoladencreme

Dieser Kuchen ist angelehnt an den deutschen Klassiker „Kalter Hund", bei dem die Butterkekse nebeneinandergelegt und mit einer dunklen Schokoladencreme geschichtet werden. In meinem Rezept werden die Kekse nicht nebeneinandergelegt, sondern mit der weißen Schokoladencreme vermischt, sodass beim Anschnitt ein Mosaikmuster entsteht. Optisch und auch geschmacklich werden die Mosaiksteine durch Pistazien und Kirschen ergänzt.
Der Kuchen ist so schnell gemacht, dass man im Prinzip auch eine doppelte Menge zubereiten und diese im Gefrierfach lagern kann. So hat man immer einen Kuchen zu Hause wenn mal spontan Gäste zu Besuch kommen.

 20 cm  10 Stk Zubereitungszeit: 30 Min. ❄ Kühlzeit: 5 Std.

MOSAIK-KUCHEN:
250 g Butterkekse
100 g Amarettini Kekse
200 ml Milch
60 g Zucker
100 g Butter
100 g weiße Schokolade
100 g getrocknete Kirschen
100 g Pistazien

WEISSE SCHOKOLADEN-GANACHE UND DEKORATION:
40 g Sahne
100 g weiße Schokolade
100 g gehackte Pistazien

BACKFORMEN:
1 Backring (Ø 20 cm)
Tortenretter rund

Zubereitung

MOSAIK-KUCHEN

kühlen
einfrieren

1. Koche die Milch mit Zucker und Butter auf und zieh sie wieder vom Herd herunter. Füge die weiße Schokolade hinzu und rühre so lange, bis die Schokolade geschmolzen ist. Lasse sie kurz abkühlen. Zerkleinere die Butter- und Amarettini Kekse grob mit den Händen.

2. Hacke die Pistazien und Kirschen grob und gib sie mit zu den Keksen. Übergieße sie mit der lauwarmen Schokoladenmilch.

3. Rühre die Masse sorgfältig durch. Stelle den Backring auf den mit Backpapier belegten Tortenretter, fülle die Masse ein und streiche sie glatt.

WEISSE SCHOKOLADENGANACHE

4. Koche die Sahne in einem Topf auf und ziehe ihn dann wieder vom Herd herunter. Rühre die weiße Schokolade ein, bis sie geschmolzen ist. Gieße die weiße Schokoladenganache auf die Mosaik-Masse und stell den Kuchen für mindestens 5 Stunden ins Gefrierfach.

5. Löse die Torte vom Backring und bestreue die Torte mit den gehackten Pistazien. Lasse sie vor dem Servieren etwa 5 Minuten bei Raumtemperatur stehen.

Banoffee Pie

Bananen-Karamell-Pie

„Banoffee" ist ein englisches Dessert, welches aus Bananen, Sahne und Toffee besteht. Toffee wird aus Kondensmilch gewonnen, die zu einer Dulce de Leche eingekocht und somit karamellisiert wird. Der Begriff „Banoffee" entsteht durch die Kontamination, also die Wortkreuzung zwischen „Banana" und „Toffee". Wenn man die Zutaten immer zu Hause hat, dann ist der Kuchen blitzschnell zubereitet und stillt den Hunger nach etwas Süßem. Vorsicht bei der Karamellcreme Dulce de Leche: hier besteht Suchtgefahr!

⌀ 20 cm 🍰 8 Stk 🕐 Zubereitungszeit: 20 Min. ❄ Kühlzeit: 45 Min.

KNUSPERBODEN:
100 g Butter
200 g Butterkekse
½ TL Vanilleextrakt

FÜLLUNG:
2 Bananen
1 Portion Dulce de Leche
(Rezept S. 118)

ZUM FERTIGSTELLEN:
100 g Sahne
100 g Quark
2 TL Sanapart
Schokoladenröllchen
(Anleitung S. 56)

BACKFORMEN:
Tarteform mit Hebeboden (⌀ 20 cm)

Zubereitung

KNUSPERBODEN

1. Erhitze die Butter und zerkleinere die Kekse mit einem Mixer. Vermische alle Zutaten miteinander. Drücke den Teig in die Tarteform und forme einen Rand. Stelle die Form für 15 Minuten ins Gefrierfach.

2. Schneide die Bananen in Scheiben und verteile sie auf dem Teig.

3. Rühre das Dulce de Leche gut durch und verteile es über den Bananen. Stelle die Torte für 30 Minuten kühl.

4. Schlage die Sahne mit Quark und Sanapart steif und verteile die Creme wellenförmig auf dem Banoffee Pie. Dekoriere ihn mit Schokoladenröllchen.

Toffifee Torte

Karamell-Schokoladentorte mit Nougat und ganzen Haselnüssen

Mich hat als Kind immer die goldene Verpackung fasziniert, weil die Toffifees wie kleine Schätze aussahen und es herrlich geknistert hat, wenn man eines rausgenommen hat.
Diese Toffifee Torte sieht auch aus wie ein kleiner Schatz. Der Keksboden schmeckt leicht nach Zimt und harmoniert mit der Nougat- und Schokoladencreme - und natürlich mit den Goldstücken der Torte: den Toffifee.

 ⌀ 22 cm | 12 Stk | Zubereitungszeit: 25 Min. | Kühlzeit: 3 Std.

KEKSBODEN:
200 g Vollkornkekse
100 g Butter
2 EL Kakao
1 EL Zucker
2 EL Milch
1 TL Zimt

NOUGAT:
200 g Nougat
100 g ganze Haselnüsse

CREME:
300 g Frischkäse
200 g Sahne
60 g Puderzucker
1 TL Vanilleextrakt
5 TL Sanapart

SCHOKOLADENGANACHE:
50 g Sahne
100 g Herrenschokolade
12 Toffifee für die Dekoration

BACKFORMEN:
1 verstellbarer Backring (7 cm hoch)
Tortenretter rund

Zubereitung

KEKSBODEN

1. Zerkleinere die Vollkornkekse mit einem Mixer sehr fein. Verrühre die Butter mit Kakao, Zucker, Milch und Zimt in einem Topf und lasse die Mischung einmal aufkochen. Füge die Keksbrösel hinzu und rühre gut durch. Stelle den Backring auf einen mit Backpapier belegten Tortenretter und fülle die Keksmasse ein. Drücke sie gut fest und stelle den Backring für 15 Minuten in den Kühlschrank.

NOUGAT

2. Erwärme den Nougat leicht und rühre ihn geschmeidig. Streiche den Nougat auf den Keksboden und stecke die Haselnüsse hinein. Stelle die Torte für 15 Minuten kühl.

CREME

3. Verrühre Frischkäse, Sahne, Puderzucker, Vanilleextrakt und Sanapart und schlage die Creme steif. Lege 100 g davon für die Dekoration zur Seite. Streiche die restliche Creme über die Haselnüsse und stelle sie kühl.

SCHOKOLADENGANACHE

4. Lasse die Sahne aufkochen und ziehe sie vom Herd herunter. Füge die Schokolade hinzu und rühre so lange, bis sie geschmolzen ist. Lasse sie kurz lauwarm abkühlen. Gieße die Schokoladenganache auf die Torte und verteile sie gleichmäßig mit einer Palette. Stell die Torte für 2,5 Stunden kühl.

5. Entferne den Tortenring und fülle die restliche Sahne in einen Spritzbeutel mit großer Sterntülle. Spritze 12 Tuffs auf die Torte und dekoriere sie mit den Toffifee.

Geeiste Schokoladen-moussetorte

mit Nutella-Creme

Dunkle Schokoladenkekse sorgen bei dieser Torte für den Crunch.
Die dunkle Schokoladenmousse wird mit Nutella, einer Nussnougatcreme hergestellt
und mit einer weißen Schokoladenmousse bedeckt.

 ⌀ 18 cm 🍰 8 Stk 🕐 Zubereitungszeit: 30 Min. ❄ Kühlzeit: 120 Min.

1. SCHICHT:
KEKSBODEN:
200 g Schokoladenkekse (z. B. Oreo)
100 g Butter

2. SCHICHT:
NOUGAT-CREME:
10 g Kakao
2 EL heißes Wasser
200 g Frischkäse
100 g Nutella
200 g Sahne
5 TL Sanapart

3. SCHICHT:
WEISSE SCHOKOLADENCREME:
100 g weiße Schokolade
200 g Frischkäse
200 g Sahne
30 g Puderzucker
5 TL Sanapart

DEKORATION:
Schokoladenspäne (S. 56)

BACKFORMEN:
1 Backring (⌀ 18 cm)
Tortenretter rund

Zubereitung

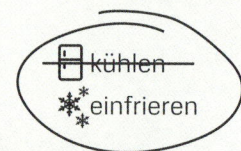

KEKSBODEN

1. Zerkleinere die Schokoladenkekse in einem Mixer sehr fein. Schmilz die Butter in der Mikrowelle oder in einem Topf und vermische sie mit den Keksbröseln.

2. Stelle den Backring auf einen mit Backpapier belegten Tortenretter und verteile die Keksschicht darin und drücke sie gut fest. Stelle den Backring für 15 Minuten ins Gefrierfach.

NOUGAT-CREME

3. Verrühre Kakao mit dem heißen Wasser. Rühre Frischkäse, Nutella, Sahne und Sanapart ein und schlage die Creme steif. Verteile sie auf dem Keksboden und stelle sie ins Gefrierfach.

WEISSE SCHOKOLADENCREME

4. Schmilz die weiße Schokolade im Wasserbad und verrühre sie mit Frischkäse, Sahne, Puderzucker und Sanapart und schlage die Creme steif. Streiche sie über die Nougat-Creme und stelle sie für 2 Stunden ins Gefrierfach.

5. Entferne den Tortenring und dekoriere die Torte mit den Schokoladenspänen.

Erdbeer-Käsekuchen

mit knusprigem Cornflakes-Boden

Die Torte besteht aus einem knusprigen, schokoladigen Cornflakes-Boden,
einer üppigen Vanille-Stracciatella-Creme und ganzen Erdbeeren.

 Ø 16 cm · 8 Stk · Zubereitungszeit: 30 Min. · Kühlzeit: 4 Std.

CORNFLAKES BODEN:

150 g Zartbitterkuvertüre

20 g Kokosfett

80 g Cornflakes

50 g gestiftete Mandeln

STRACCIATELLA-CREME:

300 g Frischkäse

200 g Sahne

40 g Puderzucker

½ TL Vanilleextrakt

6 TL Sanapart

100 g Schokoladen-Raspel

DEKORATION:

200 g Erdbeeren

40 g Erdbeergelee

40 ml Wasser

BACKFORMEN:

Backring (Ø 16 cm)

Tortenretter rund

Zubereitung

2 Tage
einfrieren

CORNFLAKES BODEN

1. Temperiere die Kuvertüre wie auf S. 35 beschrieben und füge das Kokosfett hinzu. Rühre die Cornflakes und Mandeln ein. Stelle den Backring auf einen mit Backpapier belegten Tortenretter und fülle die Cornflakes-Masse ein und drücke sie gut fest. Stelle die Form für 30 Minuten in den Kühlschrank.

STRACCIATELLA-CREME

2. Verrühre Frischkäse mit Sahne, Puderzucker, Vanilleextrakt und Sanapart und schlage die Creme steif. Rühre die Schokoladen-Raspel ein. Verteile die Creme auf dem Cornflakes-Boden und stell die Torte kurz kühl.

3. Schneide das Grün der Erdbeeren weg und stelle die Erdbeeren dicht auf die Torte. Erhitze das Erdbeergelee mit dem Wasser und bestreiche die Erdbeeren damit.

4. Stelle die Torte für mindestens 4 Stunden in den Kühlschrank.

Tipp

Die Torte schmeckt am besten, wenn du Früchte der Saison verwendest. Auch Pfirsich oder Aprikosen passen geschmacklich perfekt dazu.

Milchreis Torte

mit Johannisbeeren

Wer Milchreis mag, wird diese Torte lieben.
Im Sommer mit Johannisbeeren und an kälteren Tagen mit etwas Apfelkompott und Zimt
stillt diese Torte das Verlangen nach etwas Süßem.

Ø 18 cm | 10 Stk | Zubereitungszeit: 40 Min. | Kühlzeit: 6 Std.

KNUSPERBODEN:
200 g Löffelbiskuit
120 g Butter
15 g Kakao

MILCHREIS-CREME:
780 ml Milch
200 g Milchreis
100 g Zucker
1 TL Vanilleextrakt
1 Tüte Agaragar
100 ml Wasser
400 g Sahne
6 TL Sanapart
200 g Saure Sahne

DEKORATION:
200 g Johannisbeeren

BACKFORMEN:
Backring (Ø 18 cm)
Tortenretter rund

Zubereitung

2 Tage
einfrieren

KNUSPERBODEN

1. Zerkleinere die Löffelbiskuits fein mit einem Mixer. Erhitze die Butter und füge den Kakao hinzu. Vermische alle Zutaten miteinander. Stelle den Backring auf einen mit Backpapier belegten Tortenretter und fülle den Knusperboden ein. Drücke ihn gut fest und stelle ihn in den Kühlschrank.

MILCHREIS-CREME

2. Koche die Milch in einem großen Topf auf und füge den Zucker, Milchreis und das Vanilleextrakt hinzu. Stelle die Hitze auf mittlere Stufe und lasse den Milchreis unter Rühren 15 Minuten köcheln. Stelle den Herd aus, decke den Milchreis ab und lass ihn weitere 30 Minuten quellen. Lasse den Milchreis auf Zimmertemperatur abkühlen.

3. Verrühre das Agaragar mit dem Wasser in einem Topf und lasse es 2 Minuten sprudelnd aufkochen. Schlage die Sahne mit Sanapart steif. Rühre die saure Sahne in das lauwarme Agaragar ein und vermische es dann mit dem vollständig abgekühlten Milchreis. Hebe die Sahne unter und verteile die Milchreis-Creme auf dem Knusperboden.

4. Stell die Torte für mindestens 4 Stunden in den Kühlschrank. Entferne den Backring und dekoriere die Milchreistorte mit den Johannisbeeren.

Tipp ♡

Um etwas Zeit zu sparen kannst du den Milchreis bereits am Vortag zubereiten und über Nacht abkühlen lassen.

Regenbogen Käsekuchen

im Herz

Für eine Geburtstagsparty ist dieser Kuchen ideal geeignet
und erinnert durch die Pastellfarben an Einhörner.

⌀ 26 cm 🍰 20 Stk 🕐 Zubereitungszeit: 50 Min. ❄ Kühlzeit: 5 Std.

KNUSPERBODEN:

200 g weiße Kuvertüre

120 g gestiftete Mandeln

60 g Puffreis mit Schokolade

REGENBOGEN-FÜLLUNG:

800 g Frischkäse

8 TL Sanapart

120 g Puderzucker

1 TL Vanilleextrakt

Zitronensaft von 1 Zitrone

400 g Sahne

4 TL Sanapart

1 Tüte Agaragar

100 ml Wasser

Lebensmittelfarbpasten in gelb, rot,
rosa, lila, blau und grün

DEKORATION:

Bunte Baiserstücke (Rezept S. 101)

BACKFORMEN:

Backform Herz (⌀ 26 cm)

Tortenretter rund

Zubereitung

 2 Tage einfrieren

KNUSPERBODEN

1. Stelle die Backform auf den mit Backpapier belegten Tortenretter. Schmilz die weiße Kuvertüre im Wasserbad. Rühre die gestifteten Mandeln und den Puffreis ein. Fülle die Backform damit und drücke den Knusperboden fest. Stelle die Backform für 15 Minuten ins Gefrierfach.

REGENBOGEN-FÜLLUNG

2. Verrühre Frischkäse, Sanapart, Puderzucker und den Zitronensaft miteinander. Schlage die Sahne mit Sanapart steif. Koche das Agaragar mit dem Wasser auf und lass es 2 Minuten sprudelnd kochen.

3. Verteile jeweils 20 g der Frischkäsecreme in 6 Schälchen und rühre dort die 6 verschiedenen Farben ein: gelb, orange, pink, lila, blau und grün. Verrühre 2-3 Esslöffel der Frischkäsecreme mit dem Agaragar und rühre nun die restliche Frischkäsecreme und die Sahne ein.

4. Wiege die Frischkäsecreme ab und teile sie in exakt 6 Teile ein und verrühre jeweils die eingefärbte Creme mit der restlichen Creme.

DEKORIERE DIE TORTE

5. Beginne nun mit der dunkelsten Farbe und fülle die Hälfte der Creme mittig in die Backform. Gieße darüber nun nacheinander die Hälfte der restlichen Cremes in dieser Reihenfolge: lila, blau, grün, gelb, orange, pink und beginne dann wieder von vorne.

6. Klopfe den Tortenretter mit Backform mehrmals auf die Arbeitsplatte, damit sich die Füllung gleichmäßig verteilt und streiche ganz vorsichtig mit einer Winkelpalette die Oberfläche glatt und zieh dabei ein Muster ein. Kühle die Torte für mindestens 5 Stunden. Entferne den Backring und dekoriere die Torte mit bunten Baiserstücken.

Pies, Tartes & Tartelettes

Das letzte Kapitel widme ich den Pies, Tartes und Tartelettes. Pies kommen aus den Vereinigten Staaten und haben auch bei uns für Begeisterung gesorgt. Tartes schmecken sehr fein und bestehen aus einem mürben Teig als Grundlage, der dann mit einer Creme befüllt wird, die gebacken oder auch nur gekühlt werden muss. Tartelettes sind die kleinen Abwandlungen der großen Tartes. Obwohl im Grunde die Tartes und Pies aus einem ähnlichen Teig bestehen, sind sie doch sehr vielseitig.
Sie können fruchtig, cremig, schokoladig, nussig oder auch würzig schmecken.

Schokoladen-Tarte

mit Himbeeren

Die Tarte schmeckt im Sommer frisch aus dem Kühlschrank besonders gut.
Die Schokolade macht die Tarte cremig, die Himbeeren sorgen für die Frische.

 20 x 30 cm   12 Stk 🕐 Zubereitungszeit: 20 Min.   Backzeit: 45 Min.   Kühlzeit: 2-3 Std.

MÜRBETEIG:
80 g Zucker
160 g kalte Butter
1 Prise Salz
1/2 TL Vanilleextrakt
1 Eigelb
240 g Mehl
bei Bedarf 1 EL kalte Milch

SCHOKOLADEN-FÜLLUNG:
125 ml Milch
200 g Zartbitterschokolade
40 g Kakao
1 Eigelb
1 Prise Zimt
1 Prise Salz
50 g Zucker
250 ml Sahne
200 g Himbeeren

ZUM SERVIEREN:
süßer Schnee

BACKFORMEN:
eckige Tarteform mit Hebeboden
(20 x 30 cm)

Zubereitung

MÜRBETEIG

1. Verknete die Zutaten rasch zu einem Mürbeteig und stelle ihn abgedeckt für mindestens 1 Stunde kühl.

2. Heize den Ofen auf 180°C O/U vor.

3. Knete den Teig kurz durch und rolle ihn auf einer bemehlten Arbeitsfläche auf etwa 25 x 35 cm aus und und lege die gefettete und bemehlte Form damit aus. Schneide die Überreste mit einem Messer ab. Stich mehrmals mit einer Gabel hinein und backe den Teig für 15 Minuten vor und drücke ihn bei Bedarf nach dem Backen mit einem Glas flach.

4. Verrühre das Eigelb mit Zimt, Salz, Zucker und Sahne in einer Rührschüssel und gieße die noch warme Schokoladenmilch hinzu.

SCHOKOLADEN-FÜLLUNG

5. Koche die Milch in einem kleinen Topf auf und nehme sie dann vom Herd herunter. Füge die Zartbitterschokolade und den Kakao hinzu und rühre so lange bis die Schokolade geschmolzen ist.

6. Gieße die Füllung auf den vorgebackenen Teig und verteile die Himbeeren gleichmäßig darüber. Backe die Tarte in 30 Minuten fertig.

7. Lasse die Tarte komplett erkalten und stelle sie für mindestens 1 Stunde in den Kühlschrank. Wenn du möchtest, kannst du sie mit süßem Schnee bestreut servieren.

Tipp ♡

Verwende zum Bestreuen süßen
Schnee und keinen Puderzucker.
Puderzucker würde nämlich auf
der Oberfläche schmelzen, der süße
Schnee bleibt auf der Tarte trocken
liegen.

Haselnuss-Tarte

mit Schokoladenspiegel und karamellisierten Haselnüssen

Wer Haselnüsse liebt, sollte sich diese Tarte nicht entgehen lassen.
Der mürbe Schokoladenteig ist mit einer cremigen Haselnussfüllung belegt,
der zur Hälfte mit einem Schokoladenspiegel verdeckt ist.
Die karamellisierten Haselnüsse sind optisch und geschmacklich
das i-Tüpfelchen der Haselnuss-Tarte.

 Ø 25 cm  12 Stk Zubereitungszeit: 60 Min. Backzeit: 35 Min. ❄ Kühlzeit: 90 Std.

MÜRBETEIG:

80 g Zucker

160 g kalte Butter

1 Prise Salz

½ TL Vanilleextrakt

1 Eigelb

200 g Mehl

40 g Kakao

bei Bedarf 1 EL kalte Milch

HASELNUSS-FÜLLUNG:

2 Eier

70 g Zucker

40 g Honig

300 g gemahlene Haselnüsse

100 g Sahne

100 g Mascarpone

½ TL Vanilleextrakt

nach Belieben 1 EL Haselnuss-Likör

SCHOKOLADENGANACHE:

50 g Sahne

50 g Zartbitterschokolade

KARAMELLISIERTE HASELNÜSSE:

100 g Zucker

30 ml Wasser

50 g ganze Haselnüsse

BACKFORMEN:

Tarteform mit Hebeboden (Ø 25 cm)

Zubereitung

1. Verknete Zucker und die kalte Butter mit Salz und Vanilleextrakt. Füge Eigelb, Mehl und Kakao hinzu und knete rasch den Mürbteig zusammen. Sollte Flüssigkeit fehlen, füge Milch hinzu. Stelle ihn für mindestens 1 Stunde abgedeckt in den Kühlschrank.

2. Heize den Backofen auf 190°C O/U vor. Fette die Tarteform mit Backtrennspray. Knete den Mürbteig kurz durch und rolle ihn auf etwas Mehl zu einem runden Kreis mit ca. 29 cm Durchmesser aus.

3. Lege den Teig in die Tarteform und drücke ihn vorsichtig in die Form. Schneide die überschüssigen Ränder weg und stich den Teig mit einer Gabel mehrmals ein. Backe den Teig für 10 Minuten vor.

5. Verstreiche die Füllung auf dem vorgebackenen Teig und backe die Tarte bei 170°C O/U in 25 Minuten fertig. Lasse die Tarte komplett erkalten und löse sie anschließend von der Tarteform.

HASELNUSS-FÜLLUNG

SCHOKOLADENGANACHE

4. Bereite inzwischen die Füllung vor. Verrühre dafür die Eier mit dem Zucker und dem Honig mit einem Handrührgerät für etwa 3-4 Minuten zu einer cremigen Masse. Füge die restlichen Zutaten hinzu und rühre sie kurz mit einem Schneebesen ein. Nach Belieben kannst du die Füllung mit Haselnuss-Likör verfeinern.

6. Brich die Schokolade in kleine Stücke. Lasse die Sahne in einem kleinen Topf aufkochen und nimm sie vom Herd herunter. Füge die Schokolade hinzu und rühre nun so lange, bis sie komplett geschmolzen ist. Verteile die Schokoladenganache kreisrund auf der Tarte und stelle sie in den Kühlschrank.

2 Tage
einfrieren

KARAMELLISIERTE HASELNÜSSE

7. Vermische Zucker und Wasser in einem Topf und lasse das Zuckergemisch so lange kochen, bis der Sirup hell karamellfarben wird. Ziehe den Topf sofort vom Herd herunter. Das Karamell wird nun noch etwas dunkler und ist goldbraun. Lasse das Karamell für ca. 5 Minuten abkühlen.

8. Spieße die Haselnüsse auf Zahnstocher auf und tauche sie kopfüber in das noch heiße Karamell.

9. Ziehe sie heraus und lasse sie für wenige Sekunden kopfüber erkalten. Lege sie ab, damit sie vollständig erkalten können.

10. Dekoriere die Tarte kurz vor dem Verzehr mit den Haselnüssen.

Tipp

Die Tarte wird raffinierter, wenn statt der Haselnüsse eine Nussmischung aus Haselnüssen, Walnüssen, Macadamianüssen und beispielsweise Pistazienkernen verwendet wird.

349

Vanille-Panna Cotta Tarte

mit Kiwi

Panna Cotta ist ein puddingähnliches, italienisches Dessert, welches aus Sahne und einem Geliermittel hergestellt wird. Beim Erwärmen der Sahne werden oftmals Vanille oder andere Gewürze hinzugefügt und so kann man auch bei der Tarte den Geschmack nach Belieben variieren und mit anderen Früchten oder Kompott servieren.

⌀ 25 cm 12 Stk  Zubereitungszeit: 35 Min. Backzeit: 25 Min. Kühlzeit: 3-4 Std.

TEIG:
80 g Zucker
160 g Butter, kalt
240 g Mehl
1 Eigelb
1 Prise Salz
½ TL Vanilleextrakt
bei Bedarf 1 EL kalte Milch

FÜLLUNG:
400 ml Sahne
100 g Zucker
1 TL Vanilleextrakt
10 g Agaragar
200 g Schmand

BELAG:
4-5 reife Kiwis

BACKFORMEN:
Tarteform mit Hebeboden (⌀ 25 cm)

Zubereitung

1-2 Tage
einfrieren

MÜRBETEIG

1. Verknete Zucker und die kalte Butter mit Salz und Vanilleextrakt. Füge Eigelb und Mehl hinzu und knete rasch den Mürbeteig zusammen. Sollte Flüssigkeit fehlen, füge Milch hinzu. Stelle ihn für mindestens 1 Stunde abgedeckt in den Kühlschrank.

2. Heize den Backofen auf 175°C O/U vor. Fette die Tarteform mit Backtrennspray. Knete den Mürbeteig kurz durch und rolle ihn auf etwas Mehl zu einem runden Kreis mit ca. 29 cm Durchmesser aus. Lege den Teig in die Tarteform und drücke ihn vorsichtig in die Form. Schneide die überschüssigen Ränder weg und stich den Teig mit einer Gabel mehrmals ein. Backe den Teig für 25 Minuten durch. Drücke ihn nach dem Backen mit einem Glas flach, falls er etwas aufgegangen ist und lass ihn komplett abkühlen.

3. Verrühre Sahne, Zucker, Vanilleextrakt und Agaragar in einem Topf mit dem Schneebesen und lasse die Mischung aufkochen und für mindestens 2 Minuten sprudelnd kochen. Nimm den Topf vom Herd herunter und lasse die Flüssigkeit etwa 10 Minuten abkühlen.

4. Verrühre den Schmand mit einem Schneebesen und rühre etwa 4 Esslöffel der warmen Sahnemischung ein. Vermische nun alle Zutaten miteinander und fülle das Panna Cotta auf den abgekühlten Teigboden und lasse es im Kühlschrank in 3 Stunden fest werden.

5. Schäle die Kiwis kurz vor dem Servieren und schneide sie in Scheiben. Übergieße sie kurz mit kochendem Wasser, tupfe sie mit einem Tuch trocken und dekoriere die Tarte kreisrund damit.

Tipp ♡

Führe die Gelierprobe durch: Gieße 2 Esslöffel des Panna Cottas in einen kleinen Teller und stelle ihn für wenige Minuten in den Kühlschrank. So kannst du kontrollieren, ob das Agaragar fest wird. Streiche nach 3-4 Minuten mit dem Finger durch die Masse. Bleibt sie in der Mitte auseinander und läuft nicht mehr zusammen, so hat das Agaragar seine Wirkung entfaltet und die Creme wird fest.

Tipp ♡

Rohe Kiwis und Milchprodukte vertragen sich nicht, weil das in der Kiwi enthaltene Enzym Actinidin das Milcheiweiß spaltet und somit zu einem bitteren Geschmack führt. Wird die rohe Kiwi mit Tortenguss bestrichen, welche Gelatine enthält, wird dieser nicht fest, da das Enzym die Proteine der Gelatine angreift. Wird die Kiwi vorher gekocht oder mit heißem Wasser überbrüht, tritt das Problem nicht auf.

Mandel-Tartelettes

mit Physalis im Karamell-Schälchen

Die Mandel-Tartelettes können natürlich auch als eine große Tarte zubereitet werden.
Vorteil der kleinen Tartelettes ist das Portionieren. Diese kleinen, feinen Küchlein sehen sehr edel aus.
Dazu trägt das Karamell-Schälchen natürlich maßgeblich bei.

 10 cm   12 Stk   Zubereitungszeit: 60 Min   Backzeit: 25 Min.   Kühlzeit: 120 Min.

MANDEL-MÜRBETEIG:

80 g Zucker

160 g kalte Butter

1 Prise Salz

½ TL Vanilleextrakt

1 Eigelb

200 g Mehl

40 g abgezogene,
gemahlene Mandeln

Abrieb einer unbehandelten Orange

bei Bedarf 1 EL kalte Milch
oder Mandellikör

MANDEL-MARZIPAN-CREME:

50 g Marzipan-Rohmasse

2 Eier

2 Eigelb

80 g Puderzucker

200 g Schmand

50 g gemahlene Mandeln

20 g Mehl

nach Belieben 2 EL Mandellikör

KARAMELL-SCHÄLCHEN:

150 g Zucker

oder 150 g Isomalt

150 g Physalis

BACKFORMEN:

12 Tartelettes-Formen mit Hebeboden
(Ø 10 cm)

Zubereitung

MANDEL-MÜRBETEIG

1. Verknete Zucker und die kalte Butter mit Salz und Vanilleextrakt. Füge Eigelb, Mehl und die gemahlenen Mandeln hinzu und knete rasch den Mürbeteig zusammen. Sollte Flüssigkeit fehlen, füge Milch oder Mandellikör hinzu. Stelle ihn für mindestens 60 Minuten abgedeckt in den Kühlschrank.

MANDEL-MARZIPAN-CREME

2. Reibe das Marzipan fein und verühre es mit den Eiern, Eigelben und dem Zucker cremig. Füge den Schmand, die Mandeln, das Mehl und bei Belieben den Likör hinzu und stelle die Mandel-Marzipan-Creme zur Seite, damit das Mehl quellen kann.

3. Heize den Backofen auf 190°C O/U vor. Fette die Tarteletteformen mit Backtrennspray. Rolle den Teig auf etwas Mehl etwa 3 mm dünn aus. Stich mit einem runden Ausstecher oder einem großen Glas 12 Kreise aus, die jeweils 13 cm groß sind. Lege die Tarteletteformen damit aus und schneide die Überreste weg. Stich mehrmals mit einer Gabel ein. Backe den Teig für 10 Minuten vor und drücke ihn anschließend bei Bedarf wieder flach.

4. Fülle die Mandel-Marzipan-Creme ein und backe die Tartelettes in 15 Minuten fertig. Lasse sie komplett abkühlen.

5. Stelle Karamell-Schälchen wie auf S. 50 beschrieben her und dekoriere die Tartelettes mit ihnen und Physalis.

Crème brûlée Tarte

mit karamellisierter Orangen-Creme

Fast jeder kennt dieses französische Dessert, bei dem die mit Zucker bestreute Crème mit einem
Gasbrenner karamellisiert wird. Ich habe die Tarte mit der Crème brûlée verbunden und so entstand
dieses cremige Dessert auf einem zarten Mürbeteig und einer Orangen-Note.
Gerade die karamellisierte Kruste ist mein Highlight, da sie beim Essen im Mund knackt.

 25 cm  12 Stk Zubereitungszeit: 60 Min. Backzeit: 50 Min. ❄ Kühlzeit: 5 Std.

MÜRBETEIG:
80 g Zucker
160 g kalte Butter
1 Prise Salz
½ TL Vanilleextrakt
1 Eigelb
240 g Mehl
Abrieb einer unbehandelten Orange
bei Bedarf 1 EL kalte Milch

CRÈME BRÛLÉE:
200 ml Milch
1 Vanilleschote
Abrieb von 1 unbehandelten Orange
300 ml Sahne
4 Eigelb
40 g Zucker

ZUM SERVIEREN:
60 g brauner Zucker

BACKFORMEN:
Tarteform mit Hebeboden (Ø 25 cm)

Zubereitung

MÜRBETEIG:

1. Verknete Zucker und die kalte Butter mit Salz und Vanilleextrakt. Füge Eigelb, Mehl und den Orangenschalenabrieb hinzu und knete rasch den Mürbteig zusammen. Sollte Flüssigkeit fehlen, füge Milch hinzu. Stelle ihn für mindestens 1 Stunde abgedeckt in den Kühlschrank.

CRÈME BRÛLÉE

2. Fülle die Milch in einen Topf und lasse sie kurz aufkochen. Nimm den Topf vom Herd herunter. Halbiere die Vanilleschote und kratze das Mark mit der Rückseite eines Messers heraus. Gib das Vanillemark, die -schote und die abgeriebene Orangenschale mit zur Milch und lasse die Milch nun abgedeckt etwa 10 Minuten ruhen.

3. Füge die Sahne hinzu und lasse die Mischung erneut aufkochen. Verrühre die Eigelbe und den Zucker mit einem Schneebesen cremig und rühre einen Teil der Flüssigkeit in die Eigelbcreme ein.

Nun hat die Eigelbmischung die richtige Temperatur und kann vollständig mit der übrigen Sahne-Mischung vermischt werden. Entferne die Vanilleschote.

4. Heize den Ofen auf 180°C O/U vor. Fette die Tarteform mit Backtrennspray. Knete den Mürbeteig kurz durch und rolle ihn auf etwas Mehl zu einem runden Kreis mit ca. 29 cm Durchmesser aus. Lege den Teig in die Tarteform und drücke ihn vorsichtig in die Form. Schneide die überschüssigen Ränder weg und stich den Teig mit einer Gabel mehrmals ein. Achte darauf, dass die Löcher nicht groß sind, damit die flüssige Füllung nicht auslaufen kann. Backe den Teig für 20 Minuten vor.

5. Fülle die Crème brûlée auf den vorgebackenen Teig. Reduziere die Hitze des Backofens auf 140°C und lasse die Crème brûlée Tarte darin für 30 Minuten stocken. Schalte den Ofen aus und lasse die Tarte darin erkalten. Stelle die Tarte für mindestens 2 Stunden in den Kühlschrank.

6. Bestreue sie mit dem braunen Zucker und karamellisiere den Zucker mit einem Gasbrenner.

Die Tarte sollte gleich nach dem Flambieren verzehrt werden. Dazu passen Orangenfilets.

7. Alternativ kann die Tarte im Ofen bei Grillfunktion 250°C in 3-6 Minuten karamellisiert werden. Achte hierbei darauf, dass die Crème brûlée nicht warm wird und der Zucker nicht verbrennt.

Karamell-Schokoladen-Tarte

mit gesalzenen Erdnüssen

Die Karamell-Schokoladen-Tarte ist mit Sicherheit kein leichter Genuss, die Karamellschicht und die Schokoladenganache machen die Tarte schwer, aber durchaus lecker. Für die Karamellverrückten unter euch ist diese Tarte das perfekte Dessert. Dieses Rezept gehört auf jeden Fall zu Murats Favoriten in diesem Buch.

 25 cm 14 Stk Zubereitungszeit: 60 Min. Backzeit: 25 Min. ❄ Kühlzeit: 60 Min.

SCHOKOLADENMÜRBETEIG:

200 g Mehl

25 g Kakao

80 g Butter

30 g Erdnussbutter

55 g Zucker

1 Prise Salz

½ TL Vanilleextrakt

40 ml kalter Espresso

ZUM BELEGEN:

100 g gesalzene Erdnüsse

KARAMELLSCHICHT:

140 ml Sahne

80 g Butter

350 g Zucker

100 ml Wasser

1 Prise Salz

SCHOKOLADENGANACHE:

150 g Herrenschokolade

75 ml Sahne

KARAMELLISIERTE ERDNÜSSE:

100 g Zucker

30 ml Wasser

40 g gesalzene Erdnüsse

BACKFORMEN:

Tarteform mit Hebeboden (Ø 25 cm)

Zubereitung

SCHOKOLADENMÜRBETEIG

1. Verknete die Zutaten rasch zu einem Mürbeteig. Forme den Teig zu einer Kugel, drücke sie flach und stelle sie eingepackt für mindestens 1 Stunde in den Kühlschrank.

2. Heize den Backofen auf 190°C O/U vor. Knete den Mürbeteig kurz durch und rolle ihn auf etwas Mehl zu einem runden Kreis mit ca. 29 cm Durchmesser aus. Lege den Teig in die Tarteform und drücke ihn vorsichtig in die Form. Schneide die überschüssigen Ränder weg und stich den Teig mit einer Gabel mehrmals ein. Backe den Teig für 25 Minuten im Ofen. Lasse ihn danach abkühlen und bestreue ihn mit den gesalzenen Erdnüssen.

Tipp ♡

Die Karamellsoße hat die perfekte Temperatur von 120°C erreicht, sobald sie dickflüssiger wird und die Bläschen immer kleiner werden. Die Soße ist dann hell karamellfarben.

KARAMELLSCHICHT

3. Erhitze die Sahne mit der Butter in einem Topf, bis die Butter geschmolzen ist und stelle den Topf anschließend zur Seite. Koche nun in einem separaten Topf den Zucker mit Wasser und Salz auf und lasse den Zuckersirup auf 170°C erhitzen. Die Bläschen des Sirups werden nun immer kleiner und er wird hell karamellfarben.

4. Ziehe den Topf vom Herd herunter und füge die Sahne zu. Lasse die Karamellsoße nun so lange einkochen bis sie 120°C erreicht hat.

Alternativ zur Karamellsoße kann Dulce de Leche (Rezept S. 118) verwendet werden.

🗊 3 Tage
❄ einfrieren

5. Nun kannst du die Karamellsoße auf dem vorgebackenen Teig verteilen und fest werden lassen.

SCHOKOLADEN-GANACHE

6. Lasse die Sahne aufkochen und ziehe den Topf wieder vom Herd herunter. Füge die Schokolade hinzu und rühre so lange, bis sie geschmolzen ist.

7. Lasse die Ganache bei Zimmertemperatur abkühlen und streiche sie anschließend auf die abgekühlte Tarte.

KARAMELLISIERTE ERDNÜSSE

8. Vermische Zucker und Wasser in einem Topf und lasse das Zuckergemisch so lange kochen, bis der Sirup hell karamellfarben wird. Ziehe den Topf sofort vom Herd herunter und stelle ihn in ein kaltes Wasserbad, damit das Karamell nicht verbrennt. Lasse das Karamell für ca. 5 Minuten abkühlen. Fülle nun die Erdnüsse hinzu und verrühre sie. Nimm die Erdnüsse einzeln mit einer Gabel heraus und lasse sie auf einem Stück Backpapier oder Backfolie abkühlen.

9. Dekoriere die Tarte mit den Erdnüssen und stelle die Tarte vor dem Servieren für etwa 30 Minuten in den Kühlschrank.

Apple-Pie

Apfel-Pastete

Ist wohl das typischste Dessert der USA. Auf unserer USA Reise im Juli 2016 lernten wir in Greenville/Ohio die liebe Gloria kennen, die dort einen KitchenAid Experience Store leitet. Im gesamten Laden roch es nach Apple-Pie und wir bekamen alle Appetit auf diese typisch amerikanische Köstlichkeit. Gloria lächelte und gestand, dass der Duft von einem Duftöl stammte, gab mir aber freundlicherweise ihr liebstes Apple-Pie Rezept mit. Die gewebte Oberfläche des Apple-Pies macht ihn zu einem Augenschmaus.

 Ø 20 cm · 6 Port. · Zubereitungszeit: 45 Min. · Backzeit: 55 Min. · Kühlzeit: 120 Min.

PIE-TEIG:
450 g Mehl
1 TL Zucker
1 TL Salz
3 TL Öl (Kokosöl)
225 g eiskalte Butter
60 ml eiskaltes Wasser
2 TL Essig oder Zitronensaft

APFEL-FÜLLUNG:
800 g geschälte Äpfel (z. B. 4 Boskop)
1 unbehandelte Zitrone
120 g Zucker
30 g brauner Zucker
40 g Stärke
1 TL Zimt
¼ TL frische Muskatnuss
1 Prise Salz

ZUM BESTREICHEN:
1 Ei
2 TL Wasser

BACKFORMEN:
Pie-Backform (Ø 20 cm)

Zubereitung

1. Bereite einen Pie-Teig nach dem Grundrezept auf S.95 vor oder taue einen vorbereiteten Pie-Teig aus dem Gefrierschrank im Kühlschrank auf. Lege ihn 30 Minuten vor der Verwendung aus dem Kühlschrank heraus.

2. Schneide die geschälten Äpfel in dünne Spalten. Reibe die Zitronenschale ab, füge sie hinzu und presse den Saft der Zitrone aus. Vermische die Äpfel mit dem Zitronensaft, damit diese nicht braun werden. Füge nun die restlichen Zutaten hinzu und stelle die Füllung zur Seite.

3. Heize den Ofen auf 200°C O/U vor.

4. Fette die Pie-Backform mit Backtrennspray und bemehle sie.

5. Knete den Pie-Teig kurz durch und halbiere ihn. Forme beide Hälften jeweils zu einer Kugel. Rolle eine Kugel auf einer bemehlten Arbeitsfläche zu einem Kreis mit etwa 30 cm Durchmesser aus.

6. Lege die Pie-Form mit dem Teig aus und befülle ihn mit der Apfel-Mischung.

7. Rolle die zweite Teigkugel aus und schneide etwa 1 cm breite Streifen mit einem Messer, einem Pizzaschneider oder mit einem Bisiklet. Lege etwa 11 Streifen mit einem Abstand von 1 cm nebeneinander auf die Apfelfüllung.

Tipp

Statt der Äpfel kann anderes Obst verwendet werden. Bei dieser Art der Zubereitung wird die Füllung vorher nicht gekocht und man hat beim Ausgestalten des Pies mehr Möglichkeiten.

8. Beginne nun mittig mit dem ersten Querstreifen, um das gewebte Muster zu erstellen. Falte dafür vorsichtig jeden zweiten Streifen bis zur Mitte nach hinten, lege den Querstreifen darüber und lege die Streifen wieder zurück.

9. Falte nun die anderen Teigstreifen vorsichtig nach hinten und lege die zweite Querbahn dicht neben die erste. Klappe die Streifen vorsichtig wieder zurück.

10. Falte immer die unten liegenden Streifen nach hinten und webe die erste Hälfte der Oberfläche. Webe die Teigstreifen auf der zweiten Hälfte des Pies genauso.

1. Schneide die Überreste weg und verstecke die Enden der Teigstreifen im Innenrand. Schneide nun aus den Resten erneut 1 cm breite Streifen zurecht und zwirble zwei Streifen umeinander und belege damit den Rand der Pastete. Klebe die Teigstücke unter den Schnittstellen zusammen, um unschöne Übergänge zu vermeiden.

12. Verrühre das Ei mit dem Wasser und bepinsle den Apple-Pie damit. Backe ihn 10 Minuten bei 200°C O/U und stelle dann die Hitze auf 180°C O/U herunter und backe den Pie in 45 Minuten fertig.

Der Blueberry Pie schmeckt warm am besten, kann aber auch am nächsten Tag erwärmt und verzehrt werden.

Blueberry-Pie

Blaubeer-Pastete

Nach dem Apple-Pie ist der Blueberry-Pie wohl die berühmteste Pastete.
Am besten schmeckt dieser Pie mit frischen Blaubeeren, die im Sommer zwischen Juli und August ihre
Hochsaison haben. Möchte man diesen Pie außerhalb der Heidelbeer-Saison zubereiten, sollte man
tiefgefrorene Beeren verwenden. Wer im Sommer also zu viele Beeren aus dem eigenen Garten geerntet hat,
kann sie einfrieren und so jederzeit in den Genuss des Blueberry-Pies kommen.

 20 cm 6 Port. Zubereitungszeit: 45 Min. Backzeit: 55 Min. ❄ Kühlzeit: 2 Std.

PIE-TEIG:
450 g Mehl
1 TL Zucker
1 TL Salz
3 TL Öl (Kokosöl)
225 g eiskalte Butter
60 ml eiskaltes Wasser
2 TL Essig oder Zitronensaft

GEKOCHTE BLAUBEER-FÜLLUNG:
1 mittelgroßer Apfel
600 g Blaubeeren
150 g Zucker
¼ TL Zimt
1 Prise Salz
1 TL Limettensaft
1 TL Limettenschale
2,5 TL Stärke
2 TL Wasser

ZUM BESTREICHEN:
1 Ei
2 TL Wasser

BACKFORMEN:
Pie-Backform (∅ 20 cm)

Zubereitung

1. Bereite einen Pie-Teig nach dem Grundrezept auf S. 95 vor oder taue einen vorbereiteten Pie-Teig aus dem Gefrierschrank im Kühlschrank auf. Lege ihn 30 Minuten vor der Verwendung aus dem Kühlschrank heraus. Reibe den Apfel mit einer feinen Küchenreibe und vermische ihn mit Blaubeeren, Zucker, Zimt, Salz, Limettensaft und -schale in einem Topf. Lasse die Füllung auf höchster Stufe aufkochen, stelle dann den Herd herunter auf mittlere Stufe und lasse die Füllung 10 Minuten leicht köcheln.

2. Verrühre die Stärke mit dem Wasser und füge sie zur Füllung hinzu. Lasse die Füllung nun erneut auf höchster Stufe aufkochen und nimm sie dann vom Herd herunter. Lasse die Füllung auf Zimmertemperatur abkühlen.

3. Heize den Ofen auf 200°C O/U vor. Fette die Pie-Backform mit Backtrennspray und bemehle sie.

4. Knete den Pie-Teig kurz durch und halbiere ihn. Forme beide Hälften jeweils zu einer Kugel. Rolle eine Kugel auf einer bemehlten Arbeitsfläche zu einem Kreis mit etwa 30 cm Durchmesser aus. Lege die Pie-Form mit dem Teig aus. Befülle ihn mit der Blaubeer-Mischung.

5. Rolle die zweite Teigkugel aus und schneide einen Teil mit einem Messer, einem Pizzaschneider oder dem Bisiklet in etwa 1 cm breite Streifen.

6. Lege immer drei Streifen zusammen, drücke sie oben leicht zusammen und flechte sie zu einem Zopf. Flechte so etwa 3-4 Stränge, - lang genug sind, dass sie gemeinsam um die Pie-Backform herum passen.

Tipp

Statt Blaubeeren kannst du auch andere Früchte verwendt. Tiefgekühlte Früchte können verwendt werden. Diese sollten vorher aber aufgetaut und abgetropft werden, da sie zu viel Wasser enthalten.

7. Knete die Teigreste kurz zusammen und rolle sie erneut aus. Schneide etwa 2 cm breite Streifen zurecht und lege nun etwa 6 Streifen parallel zueinander auf die Blaubeerfüllung. Lege die restlichen Streifen im rechten Winkel über die Teigstreifen.

8. Schneide die Überreste mit einem Messer ab. Bepinsle den Teig außen mit Wasser und klebe die geflochtenen Zöpfe auf den Rand und drücke sie leicht an.

9. Forme aus den Teigresten kleine Kugeln und klebe diese mit etwas Wasser auf die Übergänge. Damit die Kugeln wie Blaubeeren aussehen, kannst du eine Spritztülle leicht hineindrücken.

10. Verrühre das Ei mit dem Wasser und bepinsle den Blueberry-Pie damit. Backe ihn 10 Minuten bei 200°C O/U und stelle dann die Hitze auf 180°C O/U herunter und backe den Pie in 45 Minuten fertig.

Der Pie schmeckt warm am besten, kann aber auch am nächsten Tag aufgewärmt und verzehrt werden.

Mississippi Mud Pie

Schokoladen-Tarte mit cremiger Füllung

Der Kuchen sieht aus wie der dunkle Schlamm an den Ufern des Mississippi-Flusses in den Vereinigten Staaten. Daher hat er seinen Namen Mississippi Mud Pie – zu deutsch: Mississippi Schlamm-Kuchen. Die charakteristischen Risse in der cremigen Schokoladenschicht entstehen am besten beim Backen mit einer Spring-form, da diese nicht nachgibt. Wird der Kuchen wie von mir bevorzugt in einem Tortenring gebacken, reißt er kaum ein. Egal ob mit oder ohne Risse: Der Kuchen gehört zu unseren persönlichen Top 3 aller Schokoladenkuchen!

 28 cm  16 Stk Zubereitungszeit: 30 Min. Backzeit: 60 Min. Kühlzeit: 3 Std.

MÜRBETEIG:
200 g Mehl
25 g Kakao
110 g kalte Butter
55 g Zucker
1 Prise Salz
½ TL Vanilleextrakt
40 ml kalter Espresso

SCHOKOLADENFÜLLUNG:
300 ml Sahne
200 g Herrenschokolade
150 g weiche Butter
200 g Zucker
½ TL Vanilleextrakt
4 Eier
30 g Kakao

DEKORATION:
300 ml Sahne
3 TL Sanapart
100 g Zartbitterkuvertüre (Rezept S.56)

BACKFORMEN:
1 verstellbarer Backring (7 cm hoch)
Backfolie
Perforiertes Backblech

Zubereitung

🔲 5 Tage
❄ einfrieren

MÜRBETEIG

1. Verrühre die Zutaten rasch zu einem Mürbeteig. Forme den Teig zu einer Kugel, drücke sie flach und stelle sie eingepackt für mindestens 1 Stunde in den Kühlschrank.

2. Heize den Backofen auf 190°C O/U vor und stelle deinen Tortenring auf 28 cm ein. Stelle ihn auf eine Backfolie auf dein Backblech.

3. Knete den Mürbeteig kurz mit den Händen durch und rolle ihn auf der bemehlten Backfolie etwa 3-4 mm dünn aus. Stich mithilfe des Torten-rings einen 28 cm großen Kreis aus und nimm die überschüssigen Teigreste weg.

4. Der Tortenring bleibt auf der Backfolie liegen. Knete die Teigreste schnell zusammen, forme eine lange Rolle mit ca. 2-3 cm Durchmesser, lege sie in den Tortenring und drücke den Teig am Rand entlang hoch, so dass ein etwa 3-4 cm hoher Teigrand entsteht.

5. Stich den Teig mit einer Gabel mehrmals ein und backe ihn im Ofen für 15 Minuten vor.

SCHOKOLADENFÜLLUNG

6. Lass die Sahne in einem kleinen Topf auf-kochen und nimm den Topf vom Herd herunter. Füge die Schokolade hinzu und rühre bis sie sich aufgelöst hat.

7. Verrühre die weiche Butter mit Zucker und Vanilleextrakt bis die Masse weißcremig ist. Rühre die Eier einzeln hinein. Füge den Kakao hinzu und rühre ihn ein. Füge nun auch die warme Schokola-densahne hinzu und rühre sie kurz ein.

8. Gieße die Schokoladenfüllung vorsichtig auf den vorgebackenen Teig, stelle den Ofen auf 160°C O/U herunter und backe den Kuchen in 45 Minuten fertig.

9. Lasse ihn anschließend gut abkühlen und stelle ihn für mindestens 1 Stunde in den Kühlschrank.

10. Schlage die Sahne mit Sanapart steif und serviere die Tortenstücke mit der Sahne und klein gehackten Schokoladenspänen.

Tipp ♡

Soll der Kuchen die typischen Risse an der Oberfläche haben, backe ihn in einer Springform statt in einem Backring.

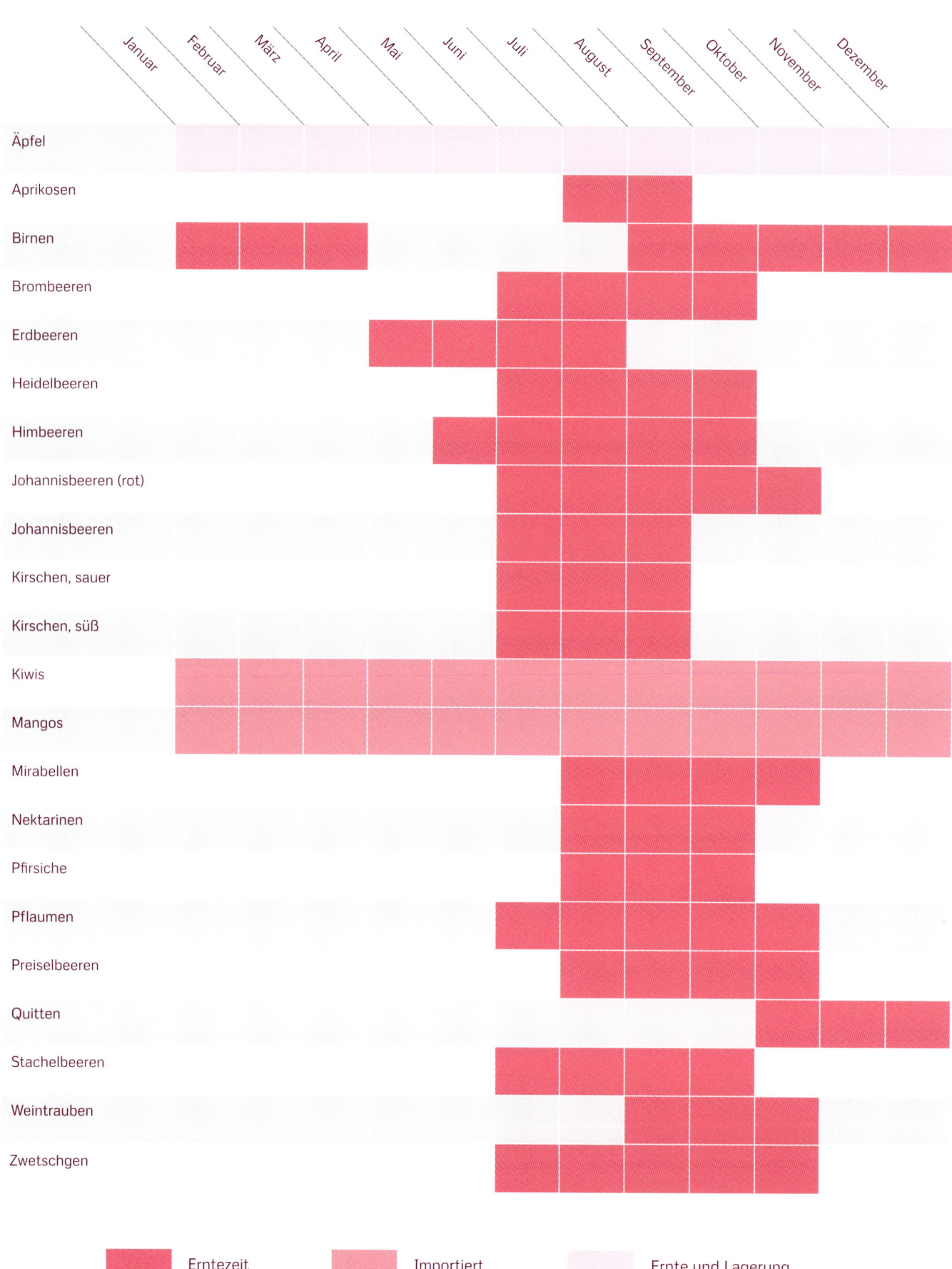

	Januar	Februar	März	April	Mai	Juni	Juli	August	September	Oktober	November	Dezember
Äpfel												
Aprikosen								■	■			
Birnen		■	■	■					■	■	■	■
Brombeeren							■	■	■			
Erdbeeren					■	■	■					
Heidelbeeren							■	■	■			
Himbeeren						■	■	■	■			
Johannisbeeren (rot)							■	■	■	■		
Johannisbeeren							■	■				
Kirschen, sauer							■	■				
Kirschen, süß							■	■				
Kiwis												
Mangos												
Mirabellen								■	■	■		
Nektarinen								■	■	■		
Pfirsiche								■	■	■		
Pflaumen							■	■	■	■		
Preiselbeeren								■	■	■		
Quitten										■	■	■
Stachelbeeren							■	■	■	■		
Weintrauben									■	■	■	
Zwetschgen							■	■	■	■		

■ Erntezeit   ■ Importiert   ■ Ernte und Lagerung

Register A - Z

Der Murat

Hallo ihr Lieben, keine Angst ich bin es nur:
Der Murat

Sally hat mir gerade ihren Laptop in die Hand gedrückt und gesagt ich soll auch noch etwas zum Buch schreiben! „Ich??", fragte ich. Was soll ich denn schreiben? Mit backen und kochen habe ich ungefähr soviel zu tun wie das Olympische Komitee und die FIFA mit den Menschenrechten und dem Fairplay :(

„Dann schreib was du willst", meinte sie und ging ins Bett :) Und das mach ich jetzt auch :) Immer mit dem Gedanken im Kopf, den Ruf meiner Frau nicht zu schädigen. Ich bin Murat, gebürtiger Balinger, stolzer Türkischer Schwabe und der beste Kamera-mann der Welt. Ich bin der Mann hinter Sally, hinter der Kamera, hinter den Kindern, hinter dem Team, also immer hinten - wo ich keinen bei der Arbeit störe :) Ich bin stolz auf sie und auf das, was sie in den letzten 4 Jahren erreicht hat. Ich bin stolz auf das Team, welches sie sich aus ihrem Freundeskreis aufgebaut hat, immer mit der Vision alles selber zu machen, um andere damit zu begeistern. Ich weiß das hört sich gerade an wie der Vorstandsvorsitzen-de bei einer VW Aktionärsversammlung, deshalb höre ich lieber auf bevor mir schlecht wird :)

Ich bin sozusagen die Made im Speck und darf probieren und kommentieren. Nicht schlecht, oder? Traumjob? Natürlich versuche ich so gut es geht meine Frau zu unterstützen. Wenn Sally - wie ein Zuschauer es mal beschrieb - die Helene Fischer des Backens ist, dann bin ich wohl der böse Bruder von Florian Silbereisen :) Aber bleiben wir doch gleich bei diesem Vergleich:

Helene Fischer, wer kennt sie nicht? Ein Ausnahme-talent unserer Zeit. Die Dame sieht top aus, hat eine wundervolle Stimme, kann unglaublich singen und ihre Show könnte von der Qualität täglich in Las Vegas laufen mit Siegfried und Roy im Vorprogramm. Helene singt in 8 Sprachen perfekt und wahrschein-lich noch auf noch Yolngu, das ist eine Sprache der Australischen Uhreinwohner, die nur 2300 Men-schen weltweit sprechen! ;) Die Frau ist so perfekt, ihr wäre es zuzumuten, ein Kind nach 3 Monaten zu gebären, um es nach 9 Monaten einzuschulen. Ein unglaubliches Ausnahmetalent eben. Ich bin kein Volksmusikfan, Gott bewahre, aber man muss dieser Frau neidlos Anerkennung schenken: Sie hat es eben drauf ;) . Jetzt ist schon alles perfekt bei dieser Frau, aber um uns Normalos eins draufzuset-zen ist sie auch noch mit Florian Silbereisen zusam-men <3 Florian, der Liebling aller Schwiegermütter, Bausparer und Backenkneifer. An Florian prallt sogar der Lotuseffekt ab, ich habe mal gehört: wer schlechtes über Florian Silbereisen sagt, wirft auch Hundebabys in das eiskalte Wasser. Ein perfektes Paar eben, muss man halt mal schreiben dürfen. Die Jüngeren unter euch denken bestimmt gerade: „Helene? Wer? Florian? Was?" Egal, beach-tet es einfach nicht ;) bei euch ist alles super im Leben, lest einfach weiter <3

Eins kann die liebe Helene aber nicht: perfekt backen und kochen, habe ich mir sagen lassen :) Aber das muss diese tolle Künstlerin auch nicht. Der perfekte Platz also für Sally, um ihr Können unter Beweis zu stellen :) Ist Sally perfekt? Ganz ehrlich: für mich schon! Ich bin auch ihr Ehemann. Alles andere zu behaupten, wäre arbeitsrechtlich grob fahrlässig und ehemann-technisch nicht ratsam und der Ärger wäre spätestens nach Ver-öffentlichung des Buches vorprogrammiert :) Sallys Welt ist auch wirklich perfekt: süße Kids, immer alles sauber, immer ein Lächeln, geniale Rezepte, sympathisch, clever und immer die richtige Idee

zum richtigen Anlass. Wäre Sally Versicherungsvertreter, so hätte sie uns alle garantiert in ihrer Kundendatei und wir hätten alle eine sinnlose Riesterrente :) Sie trennt Müll nicht nur nach Wertstoff-Zugehörigkeit laut DIN und Paragraf des Abfallwirtschaftsgesetzes, sondern auch nach dem Ländercode auf dem Barcodeetikett auf der Rückseite der Verpackung. Gestern rief übrigens der Grüne Punkt an und wollte von Sally wissen, was er machen soll? Wäsche wäscht sie nur nach Faserrichtung und nach den strengsten Umweltrichtlinien des Kalifornischen Bundesstaates. Rauchen in ihrer Gegenwart ist verboten! :(der ganze Ortsteil in Waghäusel hat inzwischen damit aufgehört und ist auf Bio-Sonnenblumenkerne umgestiegen.

Ja, Sally ist sozusagen wirklich die Helene Fischer des Backen und Kochens - da hatte dieser Zuschauer recht :) Ja, fast recht ? Nein, ich denke nicht :) Denn ich bin nicht Florian Silbereisen, sondern Murat - heeeehheehhe.

Eher gesagt der Anti Florian Silbereisen in etwas kleinerer Form: also die 32 Gigabyte Version, nicht die 64 Gigabyte :). Würden Florian und ich ein Remake des Filme-Klassikers Twins machen (im Original mit Arnold Schwarzenegger und Danny Devito), dann hätte ich wohl die Rolle von Danny Devito bekommen garantiert :(

Ironie und Sarkasmus aus!

Aber was genau ist meine Aufgabe?

Meine Aufgabe ist es einfach der Murat zu sein <3 und ich liebe diese Aufgabe. Ich helfe und unterstütze meine Frau und ihr Team, wo ich nur kann. Meine Hauptaufgabe besteht darin, sie einfach glücklich zu machen und ihr täglich - und natürlich auch euch - ein Lächeln auf die Lippen und ins Gesicht zu zaubern. Auf den Messen, die wir besuchen, sehe ich immer wieder in die leuchtenden Augen der Kids, die sich in ihren jungen Jahren fürs Kochen und Backen interessieren. Wie genial ist das denn? Ich sehe auch in die Augen der älteren Zuschauer, die Sally mit ihrer Art und Weise begeistert. Ich denke dies können nur wenige Menschen gleichzeitig: jung und alt gemeinsam für etwas begeistern. Als nahestehende Person ;) weiß ich wieviel Arbeit und Herzblut in diesem zweiten Werk von Sally steckt, und hoffe ihr seht dies genauso wie ich.

Ich danke euch von Herzen, dass ihr meine Frau unterstützt, damit sie das sein kann, was sie für mich ist: eine wundervolle YouTuberin, Bäckerin, Köchin, Ehefrau, Mutter, und ein toller Mensch.

Viel Spaß beim Lesen und
Ausprobieren der Rezepte!

Euer Murat

P.S.: Hatet mich nicht :(ich kann nichts dafür ;) habe jetzt noch Nachtschicht, bis bald ;)

Nochmal P.S.: Natürlich durfte ich alle 60 Torten probieren und ich muss sagen: Alle waren wahnsinnig lecker. Ich befinde mich gerade bei einem Diät-Kurs und muss wieder abnehmen.

Umrechnungstabelle

Meine Tortenrezepte habe ich in den unterschiedlichsten Backformen und Größen gebacken. Mithilfe der Umrechnungstabelle kannst du die Zutatenmenge von Teigen und Cremes für runde Torten umrechnen. Die Zutaten lassen sich damit von einer kleinen Torte auf eine größere, oder auch umgekehrt umrechnen. Umrechnen solltest du die Zutatenmenge, falls du die Größe der Backform veränderst, auf jeden Fall, damit das Backwerk gelingt.

Umrechnen		von 18 cm	von 20 cm	von 22 cm	von 24 cm	von 26 cm	von 28 cm	von 30 cm	von 32 cm
auf	18 cm	1,00	0,81	0,67	0,56	0,48	0,41	0,36	0,32
auf	20 cm	1,23	1,00	0,83	0,69	0,59	0,51	0,44	0,39
auf	22 cm	1,49	1,21	1,00	0,84	0,72	0,62	0,54	0,47
auf	24 cm	1,78	1,44	1,19	1,00	0,85	0,73	0,64	0,56
auf	26 cm	2,09	1,69	1,40	1,17	1,00	0,86	0,75	0,66
auf	28 cm	2,42	1,96	1,62	1,36	1,16	1,00	0,87	0,77
auf	30 cm	2,78	2,25	1,86	1,56	1,33	1,15	1,00	0,88
auf	32 cm	3,16	2,56	2,12	1,78	1,51	1,31	1,14	1,00

ANWENDUNG DER UMRECHNUNGSTABELLE

Die Umrechnungstabelle wird von oben nach unten, von links nach rechts gelesen.
Möchtest du eine Torte nachbacken, die im Rezept als ⌀ 26 cm Torte angegeben ist,
hast aber nur eine ⌀ 20 cm Form zur Hand? Falls dies der Fall ist, dann ist deine Umrechnungszahl die Zahl 0,59.
Lies die jeweilige Umrechnungszahl in der Tabelle ab. Multipliziere nun die Zutaten aus dem Originalrezept mit der Zahl. Somit erhältst du die Mengenangaben für deine individuelle Backform.

Beispielrechnung: Wird im Originalrezept bei der 26 cm Torte 200 g Zucker verwendet, rechnest du:
200 g Zucker x 0,59 = 118 g Zucker für die 20 cm Torte.